ANNE DELACOUR

OCCUPER SES ENFANTS EN VOYAGE

Groupe Eyrolles
61, bld Saint-Germain
75240 PARIS
www.editions-eyrolles.com

ISBN : 978-2-212-54402-2

SOMMAIRE

INTRODUCTION

« C'EST QUAND QU'ON ARRIVE ? »

Cette question, tous les parents la connaissent ! Et la hantise de bien d'entre eux est qu'elle arrive trop tôt dans le trajet et qu'ils passent les 4 heures restantes à l'entendre toutes les 2 minutes !
Il est vrai que voyager avec des enfants n'est pas toujours facile. Il n'y a pas que les enfants qui s'ennuient. Le voyage peut être long, on peut avoir mal au cœur et on doit rester assis pendant des heures, parfois même attachés avec une ceinture de sécurité. Cela semble complètement incompatible avec l'état même de l'enfant ! Plein de vie et d'énergie, il a besoin de bouger. Avec une capacité d'attention somme toute assez limitée, surtout chez les plus jeunes, un enfant a besoin de changer fréquemment d'activité.
Pourtant, un voyage avec vos enfants, c'est aussi une occasion unique de passer du temps avec eux ! Ni vous ni eux n'avez grand-chose d'autre à faire pendant tout ce temps. Profitez-en !
Dans cet ouvrage, vous trouverez une foule de conseils et d'idées pour transformer le long tunnel monotone de votre trajet en moments de partage amusants avec vos enfants.

GÉRER LES CONFLITS D'ÂGE

Gérer un trajet avec des enfants d'âges très différents n'est pas toujours facile. Certains jeux vont amuser les plus jeunes pendant qu'ils agaceront les plus mûrs, alors que d'autres jeux amuseront les ados pendant que les plus petits se sentiront frustrés de ne pas pouvoir jouer.

Commencez par consulter en fin d'ouvrage la liste de suggestions de jeux pour les voyages avec des enfants d'âges très différents. Ce sont en général des jeux qui se jouent en famille, susceptibles d'intéresser les plus grands et accessibles pour les plus petits.
N'oubliez pas cependant que les recommandations en termes d'âge ne sont que des indications. Il se peut que votre enfant de 6 ans soit tout à fait capable de jouer à un jeu pourtant censé convenir à partir de 8 ans, ou en revanche que votre enfant de 7 ans ne maîtrise pas encore les concepts nécessaires à une activité recommandée à partir de 5 ans. N'hésitez pas à adapter les recommandations de ce livre à vos enfants !
De même, les préadolescents et adolescents sont tous différents. Certains aiment participer aux distractions familiales et apprécieront de jouer à des jeux moins stimulants pour que les plus jeunes puissent contribuer. D'autres préféreront s'abstenir et écouter leur baladeur lorsque les divertissements ne les intéressent pas. Ne les forcez pas. Un jeu doit être amusant pour toutes les personnes concernées. Il ne doit en aucun cas devenir une corvée !
Dans tous les cas, variez les activités que vous proposez. Si un jeu n'est adapté qu'à une catégorie d'âge bien précise, mettez-vous d'accord sur ce que vous ferez avec les autres plus tard. Il vous est aussi possible d'utiliser un minuteur de cuisine ou le chronomètre de votre téléphone portable pour faire patienter les plus jeunes pendant que vous distrayez les plus grands : « Quand ça sonne, ce sera ton tour de jouer avec moi. »

EXPLIQUER L'ORGANISATION

Les enfants aiment être prévenus de ce qui va se passer dans leur vie. L'impression d'avoir le contrôle sur sa vie est d'ailleurs quelque chose que nous apprécions tous !
Expliquez-leur donc ce qui va se passer et dans quel ordre. En voiture, dans la mesure du possible, prévoyez les arrêts à l'avance. Les enfants qui savent lire l'heure bénéficieront de savoir que « dans 10 minutes, on s'arrête » ou « dans 35 minutes, le train va s'arrêter à telle gare ».
Quand vous commencez un jeu, soyez clair sur la durée de celui-ci pour éviter les conflits : « On joue pendant 10 minutes à ce jeu, puis on fera un temps calme ou un dessin, ça te convient ? » Et si un jeu ne vous plaît pas et

que vous y jouez pour faire plaisir à votre enfant, dites-le-lui ! Il sera ainsi plus enclin à échanger 10 minutes de calme contre 10 minutes d'un jeu qu'il adore mais que vous n'aimez pas.

ÊTRE INVENTIF ET S'AMUSER

Vous êtes évidemment la personne la mieux placée pour décider si tel ou tel jeu correspond à votre enfant. Alors n'hésitez pas ! Inspirez-vous des nombreuses idées de cet ouvrage et inventez des variantes qui seront parfaitement adaptées à votre famille !
Vous pouvez également demander à vos enfants d'inventer de nouveaux jeux et activités. Pleins d'imagination, ils sauront vous étonner !

Et surtout, amusez-vous ! Les jeux doivent être amusants pour tout le monde, y compris pour vous. Dans les suggestions qui suivent, piochez les idées qui vous plaisent et ne vous forcez pas à appliquer celles qui vous rebutent. Soyez sûr que vos enfants préféreront de toute façon jouer avec un parent qui y prend plaisir.

1

VOYAGER EN VOITURE

Pour rendre le voyage le plus agréable possible, prévoyez tout d'abord de partir à une heure où vos enfants ont l'habitude de dormir. Roulez de nuit si vous le pouvez, en partant soit le soir soit tôt le matin. Cela sera d'autant plus intéressant l'été : la chaleur est bien moins importante la nuit qu'en plein milieu de la journée.
Parfois, il n'est pas possible de rouler de nuit à cause de problèmes de vue ou de fatigue, ou encore à cause de l'heure à laquelle vous devez arriver. Dans ce cas, essayez de partir à l'heure de leur sieste. Si vous vous apprêtez à effectuer un long trajet, dormir les occupera déja un peu !

Prévoyez du papier et des crayons. Ils vous seront utiles pour que vos enfants dessinent, mais aussi pour jouer à certains jeux (bataille navale, morpion, etc.). N'oubliez pas également de chercher des informations sur Internet avant de partir (devinettes et casse-tête, informations culturelles sur le parcours que vous allez effectuer, etc.).

LE PLUS IMPORTANT : VOTRE SÉCURITÉ

Avant de jouer, bien sûr, il faut veiller à la sécurité.

- Sécurité du conducteur évidemment, qui doit être reposé avant de partir et qui doit s'arrêter, comme le conseille la Sécurité routière, au moins toutes les 2 heures, pour boire un thé, un café ou simplement s'aérer un peu.
- Sécurité des enfants également, qui doivent être attachés dans la voiture à tout moment, dans des dispositifs de retenue adaptés à leur âge. Vos enfants voudront peut-être se détacher pour jouer ou pour se reposer. N'hésitez pas à leur installer des « stations de jeux » ou des coussins confortables pour qu'ils puissent dormir (voir « Aménager sa voiture », p. 9) tout en restant en sécurité dans leur siège.
- Veillez à bien caler les bagages dans la voiture afin qu'en cas de choc ou de coup de frein, rien ne puisse venir cogner vos enfants. Enfin, assurez-vous d'avoir bien attaché tout objet que vous transportez à l'extérieur de votre véhicule : vélo, coffre de toit, etc. Rien n'est plus dangereux et stressant qu'un objet qui se détache alors qu'on roule à 130 km/h sur l'autoroute !

ÉVITER LE MAL DE CŒUR

Un des plus gros désagréments du long trajet en voiture, c'est le mal des transports. Certains enfants y sont très sensibles, ce qui peut gâcher tout un voyage (l'émanation du vomi est désagréable et surtout tenace !). Certains adultes supportent également très difficilement cette odeur et, en général, le mal est aggravé par le fait de se retourner pour parler aux enfants ou de s'asseoir à l'arrière pour jouer avec eux.

Il existe pourtant des solutions pour prévenir et guérir le mal de route dans la grande majorité des cas.

Pour commencer, la règle d'or est de regarder la route. Si le conducteur n'a pas mal au cœur, c'est parce qu'il regarde la route en quasi permanence. Demandez à vos enfants de regarder devant pendant quelques minutes, comme si c'était eux qui devaient tourner le volant dans les virages. Cela devrait les soulager rapidement.
Certains médicaments (homéopathiques ou non) peuvent également vous aider à passer un voyage plus agréable. Consultez votre médecin traitant ou votre pharmacien avant le départ. Celui-ci pourra vous conseiller le traitement le plus adapté à l'âge de votre enfant.
Il existe aussi des bracelets contre le mal des transports basés sur le principe de l'acupression. Une petite bille intégrée solidement au bracelet appuie sur un point précis de l'intérieur du poignet et soulage les nausées, même après que celles-ci sont apparues. Ces bracelets donnent de bons résultats, bien qu'ils semblent être plus efficaces sur les adultes : en effet, le point d'acupuncture doit être appuyé très précisément, ce qui peut être difficile à obtenir sur un petit un peu remuant !
Paradoxalement, certains enfants ne sont sensibles au mal des transports que lorsqu'ils s'ennuient. Solution simple pour ceux-là : occupez-les !
Pour ceux qui se sentent un peu nauséeux quand ils lisent en voiture, faites-les se tourner un peu dans leur siège afin qu'ils présentent leur profil au pare-brise. Ils seront ainsi face à un des côtés de la voiture, ce qui peut prévenir ou soulager leurs nausées si elles sont légères. En revanche, certains devront éviter totalement de lire en voiture. Vous pourrez alors leur prévoir une sélection de livres audio (voir p. 43 et 93). Enfin, si vous ou vos enfants êtes affectés par le mal de route, prévoyez toujours un stock de sacs en plastique pour recueillir un éventuel accident, et quelques lingettes, mouchoirs ou chiffons pour nettoyer votre enfant (et votre voiture) ensuite.

AMÉNAGER SA VOITURE

Si vous avez le choix, préférez une voiture avec l'air conditionné pour les trajets d'été. Cela permettra aux enfants d'avoir moins chaud et donc d'être plus patients (ceci vaut d'ailleurs également pour les parents !). Cela évitera aussi de devoir ouvrir les fenêtres pour se rafraîchir, ce qui fait beaucoup de bruit, fatigue et empêche la tenue de certains jeux.

Avant de débuter votre voyage, consultez le manuel de votre autoradio pour apprendre comment découpler le son de l'autoradio entre les sièges avant et arrière. Vous pourrez ainsi parler tranquillement à l'avant pendant qu'ils montent le son à l'arrière, ou écouter à l'avant sans gêner leur sieste.
Prévoyez une petite couverture et un oreiller pour chaque enfant, été comme hiver, afin qu'ils puissent s'endormir avec tout le confort nécessaire. Cela pourra servir aussi si un problème imprévu vous empêchait d'avancer pendant quelques heures : panne, intempéries graves, embouteillages importants...
Si possible, installez des petites tablettes pour vos enfants, comme il y en a dans les avions. Sur certains modèles de véhicule elles existent en série. Dans le cas contraire, il est possible d'en acheter : celles-ci se fixent avec un système de Velcro ou de sangles sur le siège avant. Ces « stations de jeux » permettront à vos enfants de dessiner, de jouer, ou tout simplement de poser leurs affaires pendant le trajet tout en restant confortablement installés dans leur siège auto.
Un filet à provisions (le même genre que les filets à jouets pour le bain) peut également être suspendu à proximité des enfants, sur le crochet de la portière par exemple. Votre progéniture pourra ainsi atteindre elle-même ses jouets et vous n'aurez pas à vous contorsionner pour les lui donner.

2

VOYAGER EN TRAIN OU EN AVION

Lors de la réservation de votre billet de train ou de l'embarquement en avion, demandez des places proches de l'allée. Vous pourrez ainsi sortir plus facilement avec votre enfant pour lui dégourdir les jambes ou l'emmener aux toilettes. En TGV, l'idéal est de disposer d'un « carré famille » qui vous permettra d'être face à face avec vos enfants. Pensez à réserver à l'avance pour disposer des meilleures places.

LES BAGAGES

Réduire les bagages, que vous partiez en train ou en avion, sera une priorité. Certains jeux seront alors plus adaptés car moins encombrants.
Pour éviter de porter l'ensemble des jeux et jouets que vous avez décidé d'emmener, proposez à vos enfants de porter leurs propres affaires. Chaque enfant pourra ainsi porter un sac à dos rempli de ses jouets et activités préférés, plus ou moins grand selon son âge.
N'hésitez pas à le faire participer à la préparation de ce sac. Il comprendra mieux pourquoi vous ne pouvez emmener le jeu entier de Trivial Pursuit ou son camion télécommandé préféré. Et les enfants sont toujours fiers de transporter eux-mêmes leurs petites affaires dans un sac spécial voyage.

LES REPAS ET VÊTEMENTS

N'oubliez pas de prévoir à manger et, surtout, à boire. Les prix des aliments dans les trains sont souvent prohibitifs et les repas en avion sont servis à des heures précises qui ne conviendront pas forcément à vos enfants. En avion, il est tout particulièrement important de boire beaucoup car l'air est très sec.
Prévoyez toujours davantage que ce dont vous pensez avoir besoin, en prévision d'une panne, d'un malaise passager ou d'un retard intempestif, assez fréquents lors des grands départs en vacances. Vous vous éviterez ainsi le stress de vous retrouver avec des enfants affamés dans un avion cloué au sol pendant 4 heures !
Attention tout de même, si vous voyagez vers certains pays, comme les USA, vous n'aurez pas le droit d'importer certains aliments. Renseignez-vous !
Enfin, prévoyez de quoi couvrir vos enfants car il fait souvent froid dans les trains et avions.

3

LES JOUETS

Recréer un petit bout de leur univers ludique vous aidera à occuper vos enfants en voyage de la même façon qu'à la maison ! Pas besoin de nombreux exemplaires : une petite sélection de leurs jouets préférés ou quelques nouveaux jouets dont vous êtes sûr qu'ils vont leur plaire suffiront.

Les enfants peuvent participer à la préparation du voyage en préparant eux-mêmes quelques-uns de leurs jouets préférés. Guidez-les dans leur choix afin d'éviter qu'ils ne choisissent des jeux trop encombrants (le 4 x 4 téléguidé par exemple) ou au contraire des jeux avec de trop nombreuses petites pièces qui se perdraient dans l'habitacle de votre véhicule (Lego, petites perles, etc.).

Vous pouvez également les guider dans la quantité en leur donnant un contenant (une boîte ou un sac) et en leur demandant de le remplir, tout en leur expliquant qu'il ne doit pas déborder.

C'est un bon exercice pour un petit que de se projeter dans « Avec quoi aurai-je envie de jouer ? » et c'est aussi l'occasion d'apprendre à faire des choix (« Tel jouet ne rentre pas, que dois-je enlever pour que tout puisse tenir ? »).

Avertissez tout de même votre enfant que la voiture, le train ou l'avion ne sont pas les endroits les plus sûrs pour des jouets fragiles ou très importants sentimentalement. Parlez avec lui du risque de les perdre pendant le trajet et proposez-lui éventuellement des alternatives.

Si c'est vous qui préparez le sac de jouets, vous pouvez aussi emporter des vieux jouets avec lesquels votre enfant ne s'est pas amusé depuis longtemps. Il aura ainsi l'impression d'en redécouvrir de nouveaux.

Pour les enfants en âge de jouer à « faire semblant » avec des personnages, emmenez-leur un lot de leurs personnages préférés. N'oubliez pas les accessoires : que serait la Barbie sans ses barrettes et le soldat Playmobil sans son bouclier ?

Les poupées et peluches sont également de bons compagnons de route. En général assez volumineux, ils risquent moins d'être perdus et font de très bons accompagnateurs vers le sommeil. Ils peuvent même faire office d'oreiller de secours.

4

LES JEUX DE SOCIÉTÉ

De nombreux fabricants mettent sur le marché des versions « voyage » de leurs jeux de société classiques. Ces versions sont plus petites et les pions ont moins de chances de tomber du plateau lors des à-coups de la voiture ou du train. Mais certains jeux traditionnels peuvent aussi être adaptés pour la voiture, comme le Trivial Pursuit ou les Incollables.

LE SOLITAIRE

Un jeu qui, comme son nom l'indique, se joue seul. Il peut être adapté aux enfants à partir de 6-7 ans, en fonction de leur aptitude à la réflexion et à la patience. Gagner à ce jeu peut être un véritable casse-tête !

Il existe deux versions du jeu : un jeu de plateau avec des pions et un jeu de cartes, aussi appelé Réussite. En voiture, la version sur plateau est plus pratique car les cartes risqueraient de tomber à chaque virage. Il existe des versions « voyage » du jeu de Solitaire dans le commerce, qui sont en général plus petites et plus faciles à transporter.

Le jeu se présente sous la forme d'un plateau circulaire ou octogonal, avec un certain nombre de cases munies de trous (33, 37, 41 ou 45 selon la version). Choisir une version avec moins de cases facilitera la tâche de votre enfant !

Au début du jeu, toutes les pièces sont en place dans les trous, sauf pour la case centrale, qui reste vide. Un pion se déplace en sautant par-dessus un autre pion afin de rejoindre une case libre adjacente. Comme dans le jeu de dames, le pion qui a été « sauté » est alors retiré du jeu. La partie est gagnée lorsqu'il ne reste qu'une seule pièce sur le plateau.

En train ou en avion, en revanche, la version avec des cartes est bien plus légère. Et vous pourrez réutiliser le jeu de cartes pour des parties de bataille.

Pour jouer, placez une première carte face visible sur la tablette de votre siège, puis 6 cartes côte à côte à sa droite, faces cachées. En dessous, disposez 6 cartes côte à côte, la première retournée et les 5 autres faces cachées. Procédez de la même manière pour la troisième ligne (une carte visible et 4 cartes cachées), la quatrième, cinquième et sixième rangée. La septième rangée n'est composée que d'une seule carte visible.

Les cartes restantes forment une pioche. De cette pile, on pourra tirer les cartes trois par trois mais seule la carte visible peut être utilisée.

Dans les colonnes, on peut déplacer les cartes d'une colonne à une autre si la carte déplacée peut être posée sur une carte immédiatement supérieure, par exemple un 6 sur un 7. Les As sont posés à part pour former les débuts des quatre piles à reconstituer.

L'objectif du jeu est de reconstituer une pile de cartes dans chacune des couleurs, de l'As au Roi.

LE SIMON

Ce grand classique pourra occuper vos enfants pendant des heures ! Idéal pour travailler la mémoire, il se joue seul. Pour jouer à plusieurs, pourquoi ne pas organiser un tournoi de Simon avec les autres voyageurs ?

Le jeu consiste en un plateau divisé en 4 ou 6 touches colorées chaque touche étant associée à un son. L'objectif est de répéter une séquence lumineuse et sonore la plus longue possible. Au début, le jeu allume une des touches de couleur et produit le son correspondant. Le joueur doit alors appuyer sur la même touche. Le jeu rallume ensuite cette première touche puis en allume une deuxième. Le joueur doit à nouveau répéter la séquence produite par le jeu et ainsi de suite. N'oubliez pas les piles de rechange si votre enfant adore ce jeu !

Astuce

Ce jeu dispose d'une fonctionnalité muette. Seules les couleurs s'allument alors, sans le son correspondant. C'est encore plus stimulant et bien plus agréable si vous avez envie de calme !

LE RUBIK'S CUBE

Un casse-tête pour les enfants et les parents ! Il s'agit d'un cube dont chaque face est d'une couleur différente, composée chacune de 9 petits cubes qui peuvent pivoter indépendamment les uns des autres. L'objectif du jeu est de réussir à reconstituer les 6 faces colorées complètes après avoir mélangé le cube.

Il existe de très nombreuses combinaisons possibles et une seule est gagnante, ce qui en fait un jeu très prenant et également très valorisant lorsqu'on le réussit ! Cela fera

Astuce

Vous voulez impressionner votre enfant ? Vous trouverez sur Internet plusieurs sites qui expliquent pas à pas comment réussir ce casse-tête en moins de 15 mouvements. À vous ensuite de vous en souvenir !

travailler à votre enfant son sens de l'orientation, sa mémoire ainsi que sa patience.
C'est un jeu parfait pour les enfants à partir de 10 ans qui aiment les casse-tête et les puzzles !

LA BATAILLE NAVALE

Enfant, presque tout le monde a joué à ce jeu dans sa version papier. Aujourd'hui, il en existe plusieurs versions élaborées, avec pions, petits bateaux en plastique et écrans permettant de cacher son jeu à l'adversaire. Mais en voyage, le plus pratique reste le papier. Cela vous évitera de vous retrouver avec des pions éparpillés un peu partout !
Pour jouer, il vous faudra 2 feuilles et 2 crayons. Sur chaque feuille, dessinez un quadrillage de 10 cases sur 10. Numérotez les colonnes de 1 à 10 et les lignes de A à J. Chaque joueur place ensuite ses 5 navires à sa guise sur la grille en noircissant le nombre de cases correspondant à la longueur du bateau :
- porte-avion : 5 cases ;
- croiseur : 4 cases ;
- contre-torpilleur : 3 cases ;
- sous-marin : 3 cases ;
- torpilleur : 2 cases.

À chaque tour, vous envoyez un missile virtuel où vous le souhaitez sur la grille de votre adversaire en le lui indiquant par la combinaison d'une lettre et d'un chiffre (C-8 par exemple). Celui-ci répond que le missile est tombé « à l'eau », qu'il a « touché » un de ses navires ou qu'il l'a « coulé » complètement. Puis c'est à son tour de vous envoyer un missile. Pour gagner, il faut être le premier à couler tous les bateaux de son adversaire.

Astuce

L'avantage de ce jeu est qu'il est parfait pour jouer en voiture avec un adulte assis devant et un enfant assis derrière. Pas besoin d'écran de protection en plastique !

Ce jeu est adapté aux petits à partir de 7 ans. Pour jouer, votre enfant doit être capable non seulement de reconnaître les lettres et les chiffres, mais également de comprendre la logique d'un tableau à double entrée. Il devra en effet savoir localiser la case « C-8 »

pour vous dire si vous avez touché son bateau ou non. Et puisque vous jouez contre lui, vous ne pourrez pas l'aider !
Avec un enfant plus jeune, vous pouvez tenter l'aventure en utilisant des quadrillages moins importants (5 cases sur 5 par exemple), et en plaçant seulement 2 ou 3 bateaux.

LE MORPION

Ce jeu très simple est bien adapté à des enfants âgés de 6 ans et plus, et se joue à deux. Et si vous êtes nombreux, pourquoi ne pas organiser un tournoi de morpion ?
Pour jouer, il vous suffit d'une feuille de papier et de 2 crayons. Tracez sur la feuille un quadrillage de 3 cases sur 3. Chacun des joueurs choisit un symbole (traditionnellement le rond et la croix) et remplit une case à chaque tour. Le but du jeu est de parvenir à placer 3 symboles identiques en ligne, soit verticalement, soit horizontalement, soit en diagonale. Si, lorsque toutes les cases sont remplies, aucun joueur n'a réussi à aligner 3 symboles identiques, la partie est déclarée nulle.

Variante

Avec des joueurs plus âgés, vous pouvez aussi faire des grilles plus grandes. Avec une grille de 6 cases par 7, vous pouvez vous inspirer du célèbre jeu Puissance 4. Le but du jeu devient alors de placer 4 croix ou 4 ronds en ligne. Avec une grille encore plus grande (15 cases sur 15), l'objectif est d'aligner 5 symboles identiques.

LE JEU DU PENDU

Dans la lignée des jeux à jouer tout simplement avec un crayon et une feuille de papier, comme la bataille navale et le morpion, le jeu du pendu est un grand classique ! Il peut se jouer à deux ou à plusieurs. Dans les deux cas, une des personnes fait office de meneur de jeu et joue contre le ou les autres joueurs (qui jouent alors en équipe).

Le meneur de jeu choisit un mot dans son vocabulaire et le garde secret. Il inscrit un tiret sur la feuille pour chaque lettre de son mot. De cette façon, les autres joueurs connaissent le nombre de lettres contenues dans le mot, mais pas le mot lui-même.
Les membres de l'équipe doivent deviner le mot. Pour ce faire, ils donnent tour à tour une lettre qu'ils pensent faire partie du mot secret. Si la lettre fait effectivement partie du mot, le meneur de jeu l'inscrit sur la feuille, à la place des tirets, autant de fois qu'elle apparaît dans le mot secret. Si en revanche la lettre donnée ne fait pas partie du mot, le meneur de jeu dessine un morceau de la potence, puis du pendu.
Les morceaux de potence et de pendu sont les suivants :

- poteau vertical de potence ;
- poteau horizontal de potence ;
- tête du pendu ;
- buste du pendu ;
- bras et jambes du pendu.

Traditionnellement, les joueurs disposent donc de 8 erreurs possibles. Si vous jouez avec de très jeunes joueurs, vous pouvez également dessiner les yeux et la bouche, les cheveux, les chaussures, etc. Cela leur donnera plus de temps pour deviner le mot secret.
Lorsque l'équipe devine le mot secret avant que le pendu ne soit complètement dessiné, chaque membre de l'équipe marque un point. En revanche, si le pendu apparaît complètement avant que le mot secret ne soit dévoilé, alors c'est le meneur de jeu qui marque le point.
Ce jeu peut se jouer avec des enfants qui savent bien lire, soit en général à partir de 7 ans. Le niveau de difficulté est facile à réduire ou à augmenter en modifiant le nombre de lettres du mot secret, ou le dessin du pendu.

LE TRIVIAL PURSUIT

Certains jeux ne peuvent pas être utilisés tels quels en voyage. C'est le cas par exemple du Trivial Pursuit. À moins de voyager dans un minibus, il est rare d'avoir assez de place pour installer le plateau de jeu pendant un trajet. En revanche, pourquoi ne pas se servir uniquement des cartes ? Ce sera ainsi beaucoup plus léger à transporter !

En fonction de la version de Trivial Pursuit dont vous disposez, vous pouvez jouer avec des petits dès 6 ans. En effet, il existe les versions Famille, Disney et Kids qui sont tout à fait adaptées à de jeunes enfants. Ceux-ci sont en général meilleurs que leurs parents quand il s'agit de répondre à des questions concernant leurs personnages de dessins animés préférés !

Variante

Une personne est désignée comme meneur de jeu et pose toutes les questions. Le premier joueur à répondre correctement à une question remporte le point.

Le premier joueur choisit une carte et pose la question au deuxième joueur, qu'il choisit au hasard. À chaque tour, tous les joueurs doivent avoir répondu à une question. Si vous jouez à cinq, le quatrième joueur n'aura donc plus le choix : il devra obligatoirement poser sa question au cinquième joueur. Chaque joueur qui répond correctement à la question marque un point. À la fin du jeu, le gagnant est le joueur qui a le plus de points.

LES INCOLLABLES

Dans le même esprit que le Trivial Pursuit, le jeu des Incollables comporte de nombreuses questions. Dans la version classique, chaque carte comprend une question pour chaque tranche d'âge : enfants de CP, CE1, CE2, CM1, CM2 ou collège et adultes. En fonction de la personne à qui la question est posée, on choisira le niveau approprié.

Cela permet de jouer avec des enfants d'âges différents, à partir de 6 ou 7 ans, et des adultes, sans qu'il y ait de jalousie ou de conflits relatifs à la trop grande facilité du jeu.

Pour éviter de sortir le plateau et toutes les petites pièces qui pourraient se perdre, adaptez le jeu de la même manière que pour le Trivial Pursuit.

5

LES JEUX DE DEVINETTES

Faire travailler ses méninges, trouver un secret, avoir le plaisir de découvrir la réponse : les enfants adorent les devinettes et les énigmes !

DEVINE À QUOI JE PENSE

Aussi appelé « le jeu des 1001 questions », ce jeu se joue à deux ou davantage. Le premier joueur choisit secrètement un objet ou un animal que les autres joueurs doivent deviner. Leur seul moyen est de poser des questions fermées au premier joueur : celui-ci n'a le droit de répondre que par « oui » ou par « non ». Évitez donc de poser des questions du type : « De quel couleur est-il ? »

Le joueur qui parvient à deviner correctement l'objet mystère se voit attribuer un point. Si aucun des joueurs ne parvient à le trouver au bout d'un certain temps, alors c'est le détenteur du secret qui gagne un point. Le gagnant est le joueur avec le plus grand nombre de points à la fin du jeu.

Cette activité est intéressante car elle développe le sens du secret. Répondre par « oui » ou par « non » uniquement est assez difficile. Souvent, les jeunes enfants ne peuvent s'empêcher d'en dire davantage et dévoilent trop d'informations d'un coup : « Est-il gris ? — Non, il est rouge ! »

C'est également un bon exercice de visualisation : pour pouvoir répondre aux questions, votre enfant doit « voir » dans sa tête l'objet ou l'animal afin de vérifier si oui ou non il est gris, grand ou pointu. Enfin, cela lui permet de développer son sens critique : comment distinguer un objet d'un autre ? Quelles sont les caractéristiques de cet animal-là en particulier ?

Choisissez un type d'objet que votre enfant connaît bien. Difficile de faire deviner quelque chose que l'on connaît mal ou pas du tout ! Avec les plus petits, choisissez des objets qu'ils peuvent voir, cela leur facilitera la tâche. Vous pouvez donc deviner et faire deviner des parties du véhicule (fenêtre, volant, etc.), des jouets ou livres que vous avez apportés avec vous, ou encore des personnes présentes dans le train. Donnez-leur un indice pour démarrer le jeu : « C'est un livre ! »

Si votre enfant est un peu plus âgé, choisissez des objets de la maison ou des animaux. En revanche, avec les adolescents ou les adultes, lâchez-vous ! Vous pourrez alors deviner et faire deviner des professions, des acteurs, des joueurs de foot, des instruments de musique ou tout autre objet ou personnage qui vous viendrait à l'esprit.

ÉNIGMES ET DEVINETTES

Vous êtes peut-être une de ces personnes qui connaissent une foule de blagues, devinettes et énigmes. Si oui, votre prochain trajet est l'occasion rêvée pour vous en servir !

Dans le cas contraire, en faisant quelques recherches avant votre départ, vous allez en trouver facilement. Il existe de nombreux sites Internet dédiés aux blagues et énigmes pour enfants (voir « Les bonnes adresses du web », p. 90). Pensez aussi à votre bibliothécaire ou votre libraire.

Faites également participer vos petits. Ceux-ci auront peut-être appris quelques devinettes dans la cour de l'école. En dernier recours : offrez-vous un paquet de Carambars ! Dents collantes et devinettes rigolotes assurées !

L'avantage des devinettes, c'est qu'il y en a pour tous les âges et tous les tempéraments, de la devinette potache à l'énigme quasiment insoluble ! Quelques exemples :

- Les blagues devinettes : qu'est-ce qui est vert, qui monte et qui descend ? (Réponse : un petit pois dans un ascenseur).
- Les devinettes Monsieur-Madame : Monsieur et Madame Croc ont une fille, comment l'appellent-ils ? (Réponse : Odile).
- Les énigmes philosophiques : qu'est-ce qui a quatre pattes le matin, deux le midi et trois le soir ? (Réponse : un homme).
- Les énigmes de situation : un homme noir, habillé avec des vêtements complètement noirs, traverse lentement une route noire. Au même moment, une limousine noire, roulant tous feux éteints, débouche d'un virage à toute allure. La collision semble inévitable, pourtant le chauffeur de la limousine parvient à l'éviter. Pourquoi ? (Solution : la scène se passe en plein jour !)

Il y a de nombreux intérêts à jouer aux devinettes et aux énigmes. Pour commencer, celles-ci développent les capacités de patience de votre enfant. L'objectif pour lui est de trouver la solution seul, bien que ce soit difficile, et pas question d'abandonner trop rapidement. Valorisez et félicitez votre enfant lorsqu'il passe du temps à réfléchir, même s'il ne trouve pas.

Les énigmes et devinettes font également travailler la mémoire, qu'il s'agisse de bien raconter l'énoncé ou de se souvenir de la solution pour la prochaine fois. Enfin, votre enfant travaille ses capacités d'écoute : dans l'énoncé d'une énigme, chaque mot compte et il s'agit de bien l'entendre !

SUDOKU ET MOTS FLÉCHÉS

Depuis quelques années, le sudoku est à la mode. Ce jeu de déduction qui peut paraître compliqué à première vue est en fait un simple jeu de logique pour lequel aucune compétence mathématique n'est nécessaire. Ce jeu peut convenir aux enfants dès 6 ans. Il suffit de savoir compter jusqu'à 9, d'avoir un esprit de déduction très agile et beaucoup de patience !

Le jeu se présente sous forme d'une grille de 9 carrés sur 9 avec des sous-grilles de 3 cases sur 3. On trouve également des grilles de 5 ou 6 cases de large qui sont plus accessibles pour les jeunes enfants. Chaque ligne et chaque sous-grille de 3 contient une série de chiffres (de 1 à 9 pour les grilles de 9 x 9) et ne peut contenir qu'une seule fois le même nombre. Les grilles sont préremplies avec quelques chiffres, ce qui permet, par déduction, de remplir le reste de la grille.

Les mots fléchés, quant à eux, demandent un esprit de déduction bien affûté mais aussi de connaître un vocabulaire assez conséquent. Bien que certaines grilles adaptées aux enfants remplacent les définitions par des pictogrammes représentant par exemple des animaux, l'enfant devra tout de même nommer et écrire le nom de ces animaux. Les mots fléchés sont donc adaptés pour les petits à partir de 7 ou 8 ans, en fonction de leur niveau de lecture.

Le jeu se présente sous forme d'une grille plus ou moins grande, ressemblant à une grille de mots croisés, comportant une série d'énigmes à résoudre. Leurs définitions sont nichées dans les cases marquant le début d'un mot à trouver avec une flèche indiquant dans quelle direction inscrire le mot.

Chez votre marchand de journaux, vous trouverez des cahiers d'activités destinés à différentes tranches d'âge. Ces cahiers contiennent en général des grilles de sudoku et de mots fléchés ainsi que d'autres activités telles que des coloriages codés ou des points à relier pour faire un dessin.

Vous trouverez également des grilles de sudoku et de mots fléchés sur Internet, que vous pourrez imprimer avant votre voyage (voir « Les bonnes adresses du web », p. 89).

DEVINE OÙ ON VA

Les enfants adorent anticiper les activités futures. Pourquoi ne pas leur faire deviner ce qui les attend à la fin du trajet ?

Vous partez en vacances ? Il y aura certainement des tas d'activités à faire une fois arrivés. Demandez-leur de deviner ce que vous avez prévu pour eux, ce qu'il sera possible de faire sur place, etc.

Vous vous rendez à une fête de famille ? Faites-leur par exemple deviner quelles personnes y seront présentes ou ce que vous allez manger.

Vous rentrez chez vous ? Vous allez certainement devoir vider le coffre, déballer les valises, ouvrir les volets, etc. Voyez avec eux s'ils connaissent ces petits rituels de fin de voyage.

Avantage non négligeable de ce petit jeu de devinettes : vous aurez un aperçu des désirs profonds de vos enfants. Si vous aviez prévu de passer tout votre temps à la piscine pendant les vacances et que vous les voyez persuadés qu'ils vont visiter des musées ou faire des randonnées, il est peut-être encore temps de modifier légèrement vos projets. Et vous serez peut-être surpris d'entendre votre petit dernier vous dire qu'il pense que vous allez faire du saut en parachute !

6

LES JEUX D'OBSERVATION

Les plus jeunes enfants sont naturellement dans l'observation, qui est à la base de tout apprentissage. En voiture ou en train, certains peuvent même rester de longs moments à regarder par la fenêtre. Pour ceux-là et les autres, voici une série de jeux d'observation auxquels toute la famille pourra participer.

N'oubliez pas que les capacités d'observation d'un enfant peuvent être malmenées par la vitesse du véhicule. Repérer un animal immobile dans un champ lointain peut être très difficile pour un petit dans une voiture roulant à 130 km/h. Choisissez alors plutôt de gros objets à repérer ou des véhicules roulant à la même vitesse que vous.

LES VOITURES

Certains enfants (comme certains parents d'ailleurs) sont passionnés d'automobile. Quel meilleur endroit qu'un voyage en voiture pour entretenir cette passion ?

Pour les plus jeunes, le jeu consiste à repérer des voitures de telle ou telle couleur. C'est l'occasion d'amorcer une discussion sur leurs couleurs de voiture préférées, ou d'expliquer pourquoi on trouve plus de voitures blanches, grises et noires.

Les plus âgés, qui auront appris à reconnaître les modèles de voitures, pourront passer du temps à dénicher des modèles plus ou moins rares. C'est aussi l'occasion de transformer ce jeu en un jeu d'imagination et de projection. Demandez à votre enfant quelle voiture il compte acheter quand il sera grand et pourquoi. Expliquez-lui les raisons du choix de votre véhicule actuel.

LE TEMPS

En fonction du temps qu'il fait lors de votre voyage, vous pouvez en profiter pour en faire une observation.

Par exemple, observez les nuages ensemble pour y déceler des types particuliers. C'est l'occasion d'initier votre enfant à la science des nuages si vous-même savez reconnaître un cirrus, un altostratus, un cumulus ou un cumulonimbus.

Lors d'un trajet en avion, passer à travers les nuages et voyager au-dessus est une expérience inoubliable !

Vous n'y connaissez rien en nuages ? Cherchez alors dans ces derniers des formes familières ! Avec un peu d'imagination, vous y verrez des éléphants, des dragons, des petites souris essayant d'échapper à un gros chat ou encore une fée sur un tapis volant. C'est amusant de constater que l'on voit dans les nuages des éléments qui nous sont familiers. Pas étonnant dès lors que votre passionné de chevaux ne voie que des cavaliers dans le ciel !

Attention

Avisez bien votre enfant de ne pas regarder directement le soleil car cela pourrait être dangereux pour ses yeux.

S'il se met à pleuvoir ou à tonner, vous aurez peut-être l'opportunité de repérer un éclair. C'est l'occasion d'expliquer comment estimer la distance entre l'endroit où vous vous trouvez et l'endroit où se produit l'orage. Il suffit de compter les secondes entre le moment où vous voyez l'éclair et le moment où vous entendez le tonnerre, puis de multiplier par la vitesse du son (340 mètres par seconde). Vous pourrez ensuite vérifier si l'orage s'éloigne où s'il se rapproche.
Puis ce sera le moment de l'arc-en-ciel, et vous pourrez essayer de distinguer les sept couleurs de l'arc-en-ciel repérées par Isaac Newton : rouge, orange, jaune, vert, bleu, indigo et violet.

LES PANNEAUX ET RADARS

Un voyage en voiture est évidemment l'occasion idéale pour initier votre enfant au code de la route.
Commencez par repérer ensemble les panneaux que vous croisez et demandez-lui s'il en connaît la signification. C'est l'occasion d'initier les plus jeunes aux règles basiques de la conduite : conduite à droite, dépassement à gauche, etc.
Les radars automatiques sont aussi des objets à repérer. Expliquez-lui-en le fonctionnement et l'utilité et demandez-lui de les repérer sur le bord de la route.
Une fois qu'il aura compris le principe de la limitation de vitesse, il est fort possible que votre enfant se prenne ensuite d'intérêt pour la vitesse à laquelle vous roulez, surtout si votre compteur de vitesse est visible depuis la banquette arrière. À vous alors de montrer l'exemple !

LATUVU

Ce jeu de cartes original est toujours un succès lors d'un trajet en voiture ou en train. Accessible aux jeunes enfants, ce jeu d'observation comporte 33 cartes sur lesquelles figurent des illustrations à repérer dans le paysage qui défile : une vache, une ambulance, un oiseau, une église, etc.

Il existe trois règles différentes pour jouer dès 3 ans et les cartes sont légendées en français et en anglais. Parfait pour les familles bilingues ou pour réviser quelques mots de vocabulaire anglais tout en jouant avec vos enfants ! Latuvu est disponible dans certains magasins de jeux ou sur Internet.

LES JEUX DE COMPTAGE

À partir d'un certain âge, variable selon les enfants, observer et repérer simplement ne suffit plus. Une fois qu'ils savent compter, les enfants se mettent spontanément à compter tout ce qu'ils peuvent. C'est le moment de passer aux jeux de comptage. En voiture et en train, vous allez rencontrer quantité d'objets à compter, profitez-en !
Similaires aux jeux d'observation, les jeux de comptage impliquent de faire fonctionner sa mémoire et de réviser ses suites de chiffres. Pour les plus jeunes cependant, choisissez plutôt des objets qui apparaissent fréquemment afin d'éviter que votre enfant ne se lasse ou ne perde le fil.
Quelques idées d'objets à compter :

- les voitures d'une couleur donnée (les voitures noires, grises et blanches sont bien plus courantes que les voitures jaunes !) ;
- les motos (plus facile en ville que sur l'autoroute) ;
- les animaux (vaches, moutons, chiens, chevaux, etc.) ;
- les oiseaux dans le ciel ou sur les lignes à haute tension ;
- les panneaux de limitation de vitesse.

7

LES JEUX DE MOTS

Les mots sont la base de la parole et les enfants adorent jouer avec ! Certains des jeux suivants peuvent être adaptés pour des tout-petits, mais pourront également occuper toute la famille.

NI OUI NI NON

Un jeu de pratique où les enfants finissent par être bien meilleurs que leurs parents ! La réponse par « oui » ou par « non » à des questions est bien souvent automatique et conditionnée. Et les parents, conditionnés depuis 30 ou 40 ans, ont plus de mal à s'en défaire que leurs enfants !

La base du jeu est l'interdiction de dire les mots « oui » et « non » pour l'ensemble des joueurs. Le jeu consiste alors à poser des questions aux autres joueurs afin de les amener à prononcer les mots interdits. Pour répondre aux questions, chacun doit alors utiliser des mots remplaçants ou répondre à l'aide d'autres questions qui pourraient piéger son interlocuteur.

Ci-dessous une petite liste pour démarrer :

En remplacement du « oui »	En remplacement du « non »	Réponses en forme de questions
Bien sûr Évidemment ! Tout à fait Pourquoi pas… Très juste	Certainement pas Je ne crois pas Je ne pense pas C'est faux Ça m'étonnerait !	Tu crois ? Tu connais ça, toi ? Tu es sûr ? Ah bon ?

Ce jeu est adapté pour les enfants à partir de 4 ou 5 ans mais amuse tout autant des grands de 14-15 ans. Un jeu parfait pour apprendre à réfléchir avant de parler !

LE BACCALAURÉAT

Un jeu qui fait travailler les méninges tout en demandant une grande réactivité !

Pour préparer le jeu, distinguez une demi-douzaine de catégories d'objets, d'animaux, de lieux géographiques ou de personnes, et écrivez-les sur une feuille, comme en-têtes de colonnes d'un grand tableau. Exemples de catégories :

- nature : animaux, oiseaux, arbres, insectes, dinosaures ;
- géographie : villes, capitales, pays ;
- culture : titres de livres, personnages de dessins animés, acteurs, chanteurs/musiciens ;
- gastronomie : aliments, desserts, fruits, légumes.

Choisissez au hasard une lettre de l'alphabet et donnez le top départ. Pendant 2 minutes, chacun doit noter sur sa feuille un mot débutant par cette lettre et correspondant à chacune des catégories. Pour la catégorie « animaux » et la lettre « c », les joueurs pourront choisir par exemple les mots « chat », « caribou », « cygne » ou encore « crapaud ».

À la fin des 2 minutes, chaque joueur énonce ses réponses afin qu'elles soient validées par les autres joueurs puis compte un point par bonne réponse. Le gagnant est celui qui a le plus de points à la fin du jeu.

Ce jeu est parfait pour des enfants à partir de 10 ans, mais peut se jouer avec des plus jeunes, à partir de 7 ans. Pour leur faciliter la tâche, choisissez des catégories adaptées à leur âge et à leurs centres d'intérêt. En général, un garçon de 7 ans trouvera davantage de noms de dinosaures ou de noms de Pokémon que de titres d'ouvrages de Victor Hugo !

Variante

Pour jouer avec des enfants encore plus jeunes (5 ou 6 ans), vous pouvez tout simplement énoncer une catégorie simple (« animaux » par exemple) et une lettre à haute voix. Le premier à trouver marque un point !

LES MOTS INTERDITS

Le jeu des mots interdits se joue traditionnellement avec un groupe assez important, mais il peut aussi se jouer avec seulement trois personnes. L'une des personnes fait office de meneur de jeu et les deux autres (ou les deux autres équipes si vous êtes 4 ou 5 joueurs) jouent l'une contre l'autre.

Chaque équipe choisit 5 mots et les communique secrètement au meneur de jeu. Les mots très courants comme « oui », « non », « le » ou « la » sont évidemment interdits. C'est au meneur de jeu d'arbitrer quels mots sont autorisés ou non.

L'objectif est de faire prononcer les 5 mots interdits à l'autre équipe sans qu'elle ne s'en rende compte. Pour cela, les joueurs entament une conversation et la dirigent vers le sujet qui les intéresse. Si un des mots interdits est « pantalon », ils peuvent par exemple faire parler l'autre équipe de ses habits ou de shopping.
Les mots interdits doivent cependant rester secrets et les questions discrètes. À tout moment au cours du jeu, si une équipe identifie le mot interdit que l'autre équipe essaie de lui faire prononcer, elle peut le dénoncer au meneur de jeu et ainsi gagner un point. À vous de faire en sorte que vos questions soient subtiles ! Évitez également de crier victoire trop tôt car votre adversaire peut dénoncer un mot tout au long du jeu, même s'il l'a déjà prononcé.
Au fur et à mesure que les mots interdits sont prononcés, le meneur de jeu les relève. L'équipe qui a prononcé les 5 mots interdits perd la partie et l'équipe adverse marque un point.
Ce jeu peut se jouer avec des enfants à partir de 5 ou 6 ans, en fonction de leur sensibilité aux mots. Ensuite, il pourra passionner les adolescents et les adultes, surtout ceux dont l'esprit de compétition est particulièrement développé.

LES FAMILLES DE MOTS

Ce jeu consiste à trouver le plus de mots possibles appartenant à la même famille. Un jeu de réflexion et de rapidité à la fois, facile à jouer en voiture, en train ou en avion.
Un des joueurs énonce une catégorie de mots, puis tour à tour, chaque joueur doit trouver un mot dans la même catégorie. Si un joueur est à court de réponses, il est éliminé du jeu pour cette manche. Le vainqueur de la manche est le dernier joueur à avoir correctement donné une réponse.
Les familles de mots peuvent être très générales ou très précises, en fonc-

Astuce

Pour éviter que le jeu ne soit biaisé par le fait que le joueur qui donne la catégorie de départ a eu davantage de temps pour réfléchir à des réponses, concoctez une liste de catégories numérotées avant de partir et inscrivez le tout sur une feuille. Au moment de choisir une famille de mots, demandez à un joueur de choisir un numéro au hasard.

tion de la difficulté que vous souhaitez donner au jeu. Quelques exemples, du plus général au plus précis : animaux, aliments, fruits, légumes verts, modèles de voitures, pays européens, héros de manga japonais, hommes politiques français du XVIIIe siècle, etc.
En fonction des catégories que vous choisirez, ce jeu peut donc convenir à des tout-petits. À partir de 3 ans, un enfant est capable de lister toutes les choses qu'il aime manger, par exemple.

LE PORTRAIT CHINOIS

Ce jeu est à la fois une manière de s'amuser avec les mots et une manière de mieux se connaître. C'est aussi un jeu idéal pour développer et constater l'imagination de vos enfants !
Le premier joueur choisit un interlocuteur et lui pose une question du type : « Si tu étais un animal, que serais-tu ? » Son interlocuteur répond (« Un lion ! »), puis pose à son tour une autre question.
L'objectif est de ne pas poser deux fois la même question. Au fur et à mesure du jeu, il faudra donc devenir de plus en plus inventif. N'hésitez pas à piocher dans la liste ci-dessous pour vous inspirer. Cette liste est évidemment à adapter en fonction de l'âge des joueurs :

- Si tu étais un arbre, que serais-tu ?
- Si tu étais un fruit, que serais-tu ?
- Si tu étais une fleur, que serais-tu ?
- Si tu étais un reptile, que serais-tu ?
- Si tu étais un oiseau, que serais-tu ?
- Si tu étais un poisson, que serais-tu ?
- Si tu étais un insecte, que serais-tu ?
- Si tu étais une forme, que serais-tu ?
- Si tu étais une odeur, que serais-tu ?
- Si tu étais une pierre précieuse, que serais-tu ?
- Si tu étais un personnage de dessin animé, qui serais-tu ?
- Si tu étais une couleur, que serais-tu ?
- Si tu étais un adjectif, que serais-tu ?
- Si tu étais une qualité, que serais-tu ?
- Si tu étais un défaut, que serais-tu ?

• Si tu étais un film, que serais-tu ?
• Si tu étais un acteur, qui serais-tu ?
• Si tu étais un roman, que serais-tu ?
• Si tu étais une chanson, que serais-tu ?
• Si tu étais un sport, que serais-tu ?
• Si tu étais un métier, que serais-tu ?
• Si tu étais une saison, que serais-tu ?
• Si tu étais un vêtement, que serais-tu ?
• Si tu étais une arme, que serais-tu ?
• Si tu étais un meuble, que serais-tu ?

LE JEU DES ACRONYMES

Astuce

C'est l'occasion pour votre enfant de réviser en douceur son orthographe (« Victor Hugo s'écrit avec un H, mon chéri. Ça ne marche donc pas pour les lettres VU... »).

Les plaques minéralogiques offrent une variété infinie de combinaisons de lettres. Une mine d'or pour le jeu des acronymes !
Ce jeu peut se jouer à partir de 12 ans. Avant cet âge, la plupart des enfants n'ont pas la culture nécessaire leur permettant de trouver des expressions correspondant à une suite d'initiales.
Un joueur repère sur une plaque une suite de lettres et l'annonce à haute voix au reste des joueurs. Le but du jeu est alors de trouver des sigles et acronymes correspondant à ces initiales. Le premier joueur à trouver un sigle ou acronyme correspondant marque un point.
Si vous le souhaitez, vous pouvez également inclure les symboles chimiques et les initiales des noms de personnes, qu'il s'agisse de personnes célèbres ou intimes.
Quelques exemples :
• CV : Curriculum Vitae ;
• RSF : Reporters Sans Frontières ;
• PAC : Politique Agricole Commune ;
• TH : Thierry Henry ;
• NI : Nickel.

LE QUART DE SINGE

Le quart de singe est un jeu parfait pour exercer son vocabulaire. Il fonctionne bien avec des enfants qui savent bien lire et écrire et qui ont tout de même un vocabulaire assez conséquent, à partir de 8-9 ans.

Vous pouvez y jouer à deux ou à plusieurs. Le premier joueur pense à un mot et donne la première lettre du mot en gardant ce dernier pour lui. Le deuxième joueur ajoute une lettre à la première afin que cela forme le début d'un mot (qui peut être le même, mais qui est souvent différent), mais il garde toujours le mot pour lui. Chaque joueur ajoute ainsi une lettre en essayant secrètement de former un mot, ce qui devient évidemment de plus en plus difficile au fur et à mesure.

À tout moment, chacun peut vérifier que le dernier joueur avait bien un mot précis en tête lorsqu'il a révélé sa lettre. Si ce n'est pas le cas, ce dernier joueur devient alors quart de singe et c'est à lui de commencer une nouvelle manche. En revanche, s'il est capable de fournir un mot qui correspond à toutes les lettres données jusqu'à maintenant, y compris la sienne, alors c'est la personne qui l'avait défié qui devient quart de singe et la manche continue.

Au fur et à mesure du jeu, on devient quart de singe, puis demi-singe, puis trois quarts de singe, puis enfin singe complet. Les singes complets sont éliminés du jeu. Le dernier joueur à ne pas être singe complet gagne la partie.

8

RACONTER DES HISTOIRES

Une des choses les plus étonnantes chez les enfants de tout âge, c'est leur créativité et leur imagination. Lorsqu'on leur en donne la possibilité, ils ont toujours plein d'idées dans la tête. Parfois ce sont des idées pour faire des bêtises, malheureusement ! Mais la plupart du temps, cette imagination peut être mise à profit d'activités qui vous étonneront et vous feront vous dire : « Mais où est-ce qu'il va chercher tout ça ? »

En voyage, lorsque l'espace et les moyens sont limités, c'est tout particulièrement intéressant de se servir de l'imagination débordante de nos enfants. L'imagination n'a pas de limites, elle !

LA PHRASE LA PLUS LONGUE

Vous connaissez certainement ce jeu qui consiste à faire la phrase la plus longue possible, tout en restant grammaticalement correct. Ce jeu fonctionne bien avec des enfants âgés de 6 à 11 ans, mais tout particulièrement avec ceux en âge d'être en classe de CE2. Et en plus de les occuper, il leur fait réviser leurs règles de grammaire !

Astuce

Chaque substantif peut facilement être suivi d'un ou de plusieurs adjectifs (« la jolie et gentille petite fille portant un bonnet rayé bleu et vert »). Vous ajoutez ainsi à peu de frais un mot supplémentaire à votre œuvre collective !

Un des joueurs commence en indiquant le mot de son choix. Le joueur suivant répète le début de la phrase puis énonce à son tour un autre mot. Il peut utiliser n'importe quel mot, la seule contrainte étant que cela soit grammaticalement correct. Mais cela peut tout à fait ne pas vouloir dire grand-chose ! C'est ainsi qu'on se retrouve avec des phrases comme : « Le chameau vert contournera la ville de lumière rouge avant de plonger dans l'eau limpide, ayant compris que la tasse bleu à motifs verts ne pourrait pas se casser si facilement. » Fous rires garantis !

Le jeu s'arrête lorsque le joueur dont c'est le tour ne parvient pas à trouver de mot pour compléter la phrase, ou qu'il ne parvient pas à se souvenir correctement du début du propos. Une fois une phrase terminée, comptez les mots et recommencez avec pour objectif de battre votre précédent score !

L'avantage de ce jeu est qu'il est coopératif. Le but étant de faire la phrase la plus longue tous ensemble, il n'y a pas de compétition entre les joueurs. Cela peut être tout particulièrement utile pour calmer les disputes entre frères et sœurs, fréquentes dans la vie de tous les jours et parfois exacerbées dans l'espace clos de votre voiture ! Chaque joueur aura donc intérêt à réfléchir à la façon dont le joueur suivant pourra compléter la phrase. Un bel exercice pour se mettre à la place de l'autre, le début de l'empathie.

C'est également un excellent exercice de mémoire. Avant d'énoncer le mot qu'il va ajouter, le joueur doit d'abord répéter l'ensemble de la phrase depuis le début. Et plus elle est longue, plus c'est difficile !

RACONTER UNE HISTOIRE À PLUSIEURS

Dans la même veine que la phrase la plus longue, vous pouvez essayer l'histoire la plus longue. L'avantage de cette version est qu'elle peut être jouée avec des enfants plus jeunes. À partir de 3 ou 4 ans, les enfants ont déjà toute l'imagination qu'il faut pour raconter des histoires, même si la correction grammaticale n'est pas encore tout à fait au rendez-vous. Et les plus grands seront ravis de pouvoir ajouter leur touche d'exotisme à une histoire en cours !

Le jeu consiste à raconter une histoire en s'y mettant à plusieurs, à tour de rôle. Un premier joueur débute l'histoire en faisant deux ou trois phrases, puis passe le relais à un deuxième joueur. L'objectif est de continuer l'histoire le plus longtemps possible.

Un bon exercice pour vos enfants, qui vont se rendre compte que ce qui leur semblait évident ne l'était pas forcément pour les autres. En donnant les quelques phrases constituant le début de son histoire, votre enfant trouve logique de continuer l'histoire dans un certains sens. Qu'un autre joueur reprenne l'histoire à son compte et parte dans une tout autre direction peut lui sembler étonnant !

L'HISTOIRE DES OCCUPANTS DE LA VOITURE D'À CÔTÉ

L'avantage de rouler en voiture, c'est que l'on croise de nombreuses personnes, toutes avec une histoire différente, et que l'on peut parler d'eux sans qu'ils ne se vexent, cachés que nous sommes derrières nos pare-brises !

Les occupants des voitures que l'on côtoie sur l'autoroute sont d'infinies sources d'histoires à raconter ou à faire raconter à vos enfants.

Commencez par leur poser des questions :

- « À ton avis, ils vont où ? »
- « Comment imagines-tu qu'ils s'appellent ? »
- « Est-ce qu'ils se connaissent depuis longtemps ou pas ? »
- « Ont-ils l'air heureux ou pas ? Pourquoi à ton avis ? »

Ce genre d'exercice permet de développer le sens de l'observation car vous et vos enfants devrez prendre en compte tous les indices possibles : le tulle sur la voiture indique que ce véhicule se rend à un mariage ; un bébé sur le siège arrière annonce une nouvelle famille ; un coffre plein à ras bord indique un départ en vacances, etc.

Ce jeu est parfait pour petits et grands. Les plus jeunes seront ravis de deviner l'âge des enfants assis dans les voitures roulant à proximité. Plus âgés, ils pourront inventer des histoires très élaborées à partir de simples observations.

Si vous souhaitez introduire un certain degré de compétition, vous pouvez ensuite organiser parmi les joueurs un vote pour élire l'histoire la plus probable au vu des indices, ou la plus originale.

Astuce

Pour bien faire comprendre à vos enfants qu'il ne s'agit que d'un jeu d'imagination, vous pouvez contrebalancer son histoire avec une autre, complètement différente et pourtant tout aussi probable au vu des indices disponibles. En effet, il est important que vos enfants s'aperçoivent que ce n'est pas en regardant les occupants d'une voiture pendant 2 ou 3 minutes qu'on peut tout connaître de leur vie !

LE THÉÂTRE D'IMPROVISATION

Avez-vous déjà assisté à un tournoi d'improvisation ? Les acteurs de ces tournois piochent un ou deux mots dans un chapeau et doivent improviser pendant quelques minutes une petite pièce de théâtre à plusieurs en utilisant les mots piochés. Très drôle, en général !

Pour jouer, désignez un premier concurrent et demandez à chacun des autres joueurs d'énoncer le mot de son choix. En fonction du nombre de joueurs, le premier concurrent se retrouvera avec une liste plus ou moins longue

de mots. Le jeu consiste alors à inventer une histoire pendant 2 minutes en utilisant ou en s'inspirant des mots donnés par les autres joueurs.
Cela donne en général des histoires assez cocasses car les mots n'ont pas toujours de rapport entre eux. Vous pouvez d'ailleurs augmenter la difficulté en demandant à chaque joueur de réfléchir à son mot dans sa tête puis de l'énoncer en même temps que les autres. Cela vous donnera sans doute une suite de mots totalement dépareillée !
Ce jeu convient bien aux enfants à partir de 8 ans et amuse également les adolescents et les adultes. Dans bien des cas, il se termine par un fou rire ! N'oubliez pas d'encourager les plus timides en leur précisant que leur histoire ne doit pas forcément être cohérente.

Astuce

Utilisez la fonction chronomètre de votre téléphone portable ou la trotteuse de votre montre pour tenir le temps et départager les concurrents.

9

ÉCOUTER DES HISTOIRES

Votre enfant adore qu'on lui raconte des histoires mais lire en voiture ou en train vous donne la nausée ? Pas de panique, il existe de nombreuses solutions pour permettre à votre progéniture d'en écouter sans que vous soyez de corvée !

En cherchant un peu, vous pourrez certainement dénicher dans votre bibliothèque locale des livres sur cassette ou CD. Ces histoires enregistrées, parfois narrées par des conteurs professionnels, sont accompagnées d'un livre que votre enfant peut suivre en même temps, exactement de la même façon que si vous lui lisiez l'histoire. Différentes histoires sont disponibles en fonction de l'âge de votre enfant, ce qui en fait une activité adaptée à tous les petits à partir de 2 ans.

Pour les plus âgés, il est également possible de trouver des livres audio sans le support papier. Au départ réservés aux personnes malvoyantes, ces livres audio peuvent être très intéressants à écouter lors d'un long trajet, surtout si vous et vos enfants souffrez du mal des transports. Vous pouvez trouver ces enregistrements à la bibliothèque de votre quartier, mais aussi les télécharger sur Internet (voir « Les bonnes adresses du web », p. 93).

En train ou en avion, vous pouvez prêter à votre enfant votre lecteur MP3 pour qu'il puisse écouter l'histoire. N'oubliez pas toutefois de rester vigilant sur le volume utilisé pour éviter tout danger à son audition.

Une autre solution consiste à offrir (ou à faire offrir) à votre enfant un livre électronique de type LeapPad. Ces petites consoles électroniques permettent une réelle interactivité de votre enfant avec l'histoire. Vous glissez un livre spécial dans la console et votre enfant peut ensuite décider quelle page il souhaite que l'ordinateur lui lise. Il peut lire 20 fois la même page s'il le désire ! Avouez que c'est quelque chose que vous faites rarement quand c'est vous qui lisez l'histoire ! La plupart des livres LeapPad proposent également à votre enfant des activités ludiques et éducatives sur les différentes pages du livre. Ce genre d'outil est cependant à éviter en train ou en avion pour ne pas gêner les autres passagers.

10

APPRENDRE EN VOYAGE

Il n'est évidemment pas question ici d'obliger vos enfants à faire leurs devoirs de vacances pendant le trajet. Ce type de voyage est déjà assez désagréable comme ça ! Voilà toutefois quelques idées pour apprendre de la meilleure manière qui soit : sans s'en rendre compte !

LE JEU DES DÉPARTEMENTS

Un grand classique des jeux à faire en voiture qui a bien failli disparaître avec la réforme du système d'immatriculation. Heureusement pour tous les parents nostalgiques, le numéro d'un département figurera bien sur les nouvelles plaques d'immatriculation ainsi que le logo de la région associée.

Ce jeu consiste à deviner le département d'origine de la voiture à partir du numéro inscrit sur sa plaque d'immatriculation. Ce jeu est moins facile qu'il n'y paraît maintenant que l'apprentissage des numéros de département n'est plus obligatoire à l'école ! En revanche, si vous voyagez avec vos enfants et leurs grands-parents, ces derniers sortiront certainement vainqueurs de ce jeu !

Astuce

Prenez avec vous la liste ci-dessous des départements français pour servir d'antisèche !

Avec les nouvelles plaques, qui comportent le numéro de département ainsi que le logo de la région où ils se trouvent, vous pouvez en profiter pour cultiver vos connaissances géographiques et celles de vos enfants !

En fonction de vos envies et de l'âge de vos petits, vous pouvez varier le but du jeu :

- citer le nom complet du département à partir du numéro ;
- citer le nom de la région ;
- indiquer l'endroit où se trouve ce département ou cette région (est, ouest, sud, nord, centre) ;
- citer d'autres départements dans cette même région, par leur numéro, leur nom, ou bien les deux.

LISTE DES DÉPARTEMENTS FRANÇAIS

01 Ain 02 Aisne 03 Allier 04 Alpes-de-Haute-Provence 05 Hautes-Alpes 06 Alpes-Maritimes 07 Ardèche	08 Ardennes 09 Ariège 10 Aube 11 Aude 12 Aveyron 13 Bouches-du-Rhône 14 Calvados 15 Cantal	16 Charente 17 Charente-Maritime 18 Cher 19 Corrèze 2A Corse-du-Sud 2B Haute-Corse 21 Côte-d'Or 22 Côtes-d'Armor

23 Creuse	49 Maine-et-Loire	75 Paris
24 Dordogne	50 Manche	76 Seine-Maritime
25 Doubs	51 Marne	77 Seine-et-Marne
26 Drôme	52 Haute-Marne	78 Yvelines
27 Eure	53 Mayenne	79 Deux-Sèvres
28 Eure-et-Loir	54 Meurthe-et-Moselle	80 Somme
29 Finistère	55 Meuse	81 Tarn
30 Gard	56 Morbihan	82 Tarn-et-Garonne
31 Haute-Garonne	57 Moselle	83 Var
32 Gers	58 Nièvre	84 Vaucluse
33 Gironde	59 Nord	85 Vendée
34 Hérault	60 Oise	86 Vienne
35 Ille-et-Vilaine	61 Orne	87 Haute-Vienne
36 Indre	62 Pas-de-Calais	88 Vosges
37 Indre-et-Loire	63 Puy-de-Dôme	89 Yonne
38 Isère	64 Pyrénées-Atlantiques	90 Territoire de Belfort
39 Jura	65 Hautes-Pyrénées	91 Essonne
40 Landes	66 Pyrénées-Orientales	92 Hauts-de-Seine
41 Loir-et-Cher	67 Bas-Rhin	93 Seine-Saint-Denis
42 Loire	68 Haut-Rhin	94 Val-de-Marne
43 Haute-Loire	69 Rhône	95 Val-d'Oise
44 Loire-Atlantique	70 Haute-Saône	971 Guadeloupe
45 Loiret	71 Saône-et-Loire	972 Martinique
46 Lot	72 Sarthe	973 Guyane
47 Lot-et-Garonne	73 Savoie	974 La Réunion
48 Lozère	74 Haute-Savoie	

LE JEU DES PAYS

Il est désormais assez fréquent de croiser sur nos routes des compatriotes européens. Leurs véhicules sont faciles à reconnaître grâce à l'eurobande, ce petit cartouche bleu comprenant le logo européen et une ou deux lettres indiquant le pays d'origine.
Le jeu des pays consiste à deviner d'où vient le véhicule. C'est un jeu qui se prête facilement à des enfants assez petits, pourvu qu'ils connaissent leurs lettres, vers 5 ou 6 ans donc. Étant donné que la liste des pays européens est bien plus réduite que celle des départements français, il sera plus facile pour les petits de s'en souvenir. N'hésitez pas cependant à emmener la liste ci-dessous avec vous lors de votre trajet comme antisèche !

Pour les plus grands, une variante de ce jeu consiste à observer d'éventuelles similitudes culturelles entre les ressortissants d'un même pays (les Anglais ont tous le volant à gauche, les véhicules hollandais portent souvent un coffre de toit, etc.). Attention tout de même à ne pas verser dans la xénophobie et à rester sur de l'observation !
Une autre variante consiste à attribuer à chaque joueur un pays et à compter les voitures portant le cartouche de ce pays. Celui qui en voit le plus gagne la partie. Une opportunité de discuter des réalités géographiques : il est effectivement plus fréquent de croiser des Allemands dans l'Est et le Sud alors que l'on rencontre davantage de Britanniques sur la côte Ouest.

LISTE DES LETTRES D'IMMATRICULATION DES PAYS EUROPÉENS

A	Autriche	I	Italie
B	Belgique	IRL	Irlande
BG	Bulgarie	L	Luxembourg
CH	Suisse	LT	Lituanie
CY	Chypre	LV	Lettonie
CZ	République tchèque	M	Malte
D	Allemagne	MC	Monaco
DK	Danemark	N	Norvège
E	Espagne	NL	Pays-Bas
EST	Estonie	P	Portugal
F	France	PL	Pologne
FIN	Finlande	RO	Roumanie
GB	Royaume-Uni	S	Suède
GR	Grèce	SK	Slovaquie
H	Hongrie	SLO	Slovénie

LA GÉOGRAPHIE LOCALE

Un voyage en voiture ou en train est l'occasion rêvée de cultiver ses notions de géographie !
Pour les plus jeunes, insistez sur les notions de direction. Demandez-leur s'ils savent si la ville d'où vous partez se situe plutôt au nord, au sud, à l'est ou à l'ouest du pays. Puis demandez la même chose pour votre point d'arrivée.

Vous pouvez également aider votre enfant à situer des villes sur une carte en lui donnant des indications telles que « c'est à côté de la mer Méditerranée » ou « c'est tout à fait à l'ouest du pays, à côté de l'océan Atlantique ». Il pourra donc se familiariser avec les points cardinaux ainsi qu'avec les contours du pays.
Aux plus grands, proposez un jeu consistant à deviner les différentes villes qui seront traversées au cours du voyage. Il connaît le point de départ et le point d'arrivée ? À lui de reconstituer le parcours que vous prévoyez d'effectuer ! Ce sera d'autant plus facile pour lui que vous faites le trajet régulièrement.
Vous pouvez également lui demander s'il connaît une ou plusieurs caractéristiques historiques ou gastronomiques des lieux que vous traversez. Un passage par Meaux sera l'occasion de parler du brie et Castelnaudary du cassoulet ! De même, un parcours passant par Varennes vous permettra d'évoquer la fuite de Louis XVI. Et si vos enfants sont friands de ce genre d'anecdotes, pourquoi ne pas vous préparer à l'avance en révisant vos guides touristiques ? Vous pourrez dénicher des histoires intéressantes à leur raconter puisque vous connaissez leurs centres d'intérêt : Internet regorge d'informations sur les châteaux forts pour votre chevalier en herbe et de découvertes paléontologiques pour votre passionné de dinosaures.

PETITS QUIZ

Certains enfants sont très contents d'être sortis de l'école. D'autres au contraire restent motivés pendant les week-ends et les vacances et adorent montrer ce qu'ils ont appris à l'école récemment.
Si vos enfants le souhaitent, pourquoi ne pas organiser des petits jeux de questions-réponses dans votre voiture ? Vous pouvez par exemple leur poser des questions de mathématiques. En fonction de leur niveau, cela peut être :
- des comparaisons : « Est-ce que 7 est plus grand que 5 ? » ;
- des additions simples : « Combien font 3 + 5 ? » ;
- des révisions de leurs tables de multiplications : « Combien font 3 x 8 ? » ;
- des équations complexes : « Combien font (5 x 6) + 9 ? »

Certains enfants adoreront également jouer au jeu des capitales d'Europe. Vous nommez un pays et eux doivent donner la capitale de ce pays, ou l'inverse. C'est l'occasion de vous cultiver aussi !
Si besoin, reportez-vous à la liste des capitales européennes élaborée ci-dessous :

LISTE DES CAPITALES EUROPÉENNES

Pays	Capitales correspondantes
Albanie	Tirana
Allemagne	Berlin
Andorre	Andorre-la-Vieille
Arménie	Erevan
Autriche	Vienne
Azerbaïdjan	Bakou
Belgique	Bruxelles
Biélorussie	Minsk
Bosnie-Herzégovine	Sarajevo
Bulgarie	Sofia
Chypre	Nicosie
Croatie	Zagreb
Danemark	Copenhague
Espagne	Madrid
Estonie	Tallinn
Finlande	Helsinki
France	Paris
Géorgie	Tbilissi
Grèce	Athènes
Hongrie	Budapest
Irlande	Dublin
Islande	Reykjavík
Italie	Rome
Kazakhstan	Astana
Kosovo	Priština
Lettonie	Riga
Liechtenstein	Vaduz
Lituanie	Vilnius
Luxembourg	Luxembourg

Attention

Les week-ends et les vacances doivent rester des moments de repos et d'amusement pour vos enfants. Ne pratiquez ces jeux qu'à leur demande et arrêtez dès qu'ils font état de lassitude.

Macédoine	Skopje
Malte	La Valette
Moldavie	Chişinău
Monaco	Monaco
Monténégro	Podgorica
Norvège	Oslo
Pays-Bas	Amsterdam
Pologne	Varsovie
Portugal	Lisbonne
République tchèque	Prague
Roumanie	Bucarest
Royaume-Uni	Londres
Russie	Moscou
Saint-Marin	Saint-Marin
Serbie	Belgrade
Slovaquie	Bratislava
Slovénie	Ljubljana
Suède	Stockholm
Suisse	Berne
Turquie	Ankara
Ukraine	Kiev
Vatican	Cité du Vatican

11

LES JEUX VIDÉO

Depuis quelques années, la démocratisation des consoles de jeux et en particulier de la Nintendo DS a fait que les jeux vidéo se sont imposés comme de nouveaux moyens d'occuper ses enfants, en voyage comme d'ailleurs partout où vous êtes amenés à vous déplacer sans que vos enfants puissent s'occuper très facilement.

Attention toutefois à limiter le temps de jeu vidéo. Comme les films et toutes les autres activités qui nécessitent un écran, cette activité a tendance à hypnotiser les enfants : ils se retrouvent ensuite avec beaucoup d'énergie à revendre, ce qui n'est pas forcément facile à gérer dans l'espace confiné d'un train ou d'une voiture !

Pour éviter tout conflit, pourquoi ne pas utiliser un minuteur de cuisine ou la fonction réveil/minuteur de votre téléphone portable ? Cet outil totalement objectif et impartial sera parfait pour rappeler à votre enfant que l'heure est venue de passer la console à son petit frère/sa petite sœur ou d'arrêter complètement de jouer.

Enfin, attention à la violence inhérente à certains types de jeux, qu'elle soit explicite ou non. L'expérience de nombreux parents montre qu'après de longues minutes à jouer à des jeux de bataille plus ou moins sanglants, leurs enfants exhibent des comportements plus violents que d'habitude. Observez les vôtres pendant et après leurs moments de jeux vidéo afin de pouvoir rectifier le tir en cas de problème.

NINTENDO DS LITE

Depuis sa sortie, plus de 100 millions de Nintendo DS ont été vendues à travers le monde. Il est vrai que cette console a révolutionné la manière de jouer sur une console portable avec ses deux écrans, dont un tactile.
Les jeux disponibles avec la DS sont très variés, ce qui a eu pour résultat d'élargir le public traditionnel des jeux vidéo. En effet, alors que cette activité était presque exclusivement masculine jusqu'à aujourd'hui, nombreuses sont les filles qui se sont prises de passion pour la DS.
Cette console dispose en outre d'une autonomie très satisfaisante, de 5 à 19 heures de jeu en fonction du niveau de luminosité de l'écran. De plus, il est possible de se procurer un chargeur de voiture à brancher sur l'allume-cigare. Vous la trouverez neuve à partir de 140 €. Les jeux, eux, sont disponibles à des prix allant de 10 à 40 €. Évidemment, vous trouverez la console et les jeux bien moins chers en les achetant d'occasion, sur des sites comme eBay ou PriceMinister.

Pour résumer

La Nitendo DS Lite est certainement plus adaptée aux jeunes enfants, aux filles et, de manière générale, est une console plus polyvalente. Chaque membre de la famille pourra y trouver son bonheur.

SONY PSP

La PlayStation Portable de chez Sony ne s'adresse pas au même public. Avec de meilleurs graphismes et des jeux techniquement plus évolués, elle est plus proche d'une console de salon et satisfera davantage vos adolescents ou préadolescents adeptes de jeux vidéo.
Un peu plus chère que la Nintendo DS (à partir de 180 €), les jeux sont également un peu plus onéreux (de 15 à 45 €). Un autre inconvénient est son autonomie assez faible (4 heures environ), et ce, quel que soit le modèle (PSP, PSP Slim & Lite, PSP 3000).
En revanche, avec une mémoire plus importante, elle permet de stocker des fichiers son, vidéo et image et fait ainsi office de lecteur audio et

Pour résumer

Pour résumer : une console plus technique qui sera plus adaptée à votre adolescent qu'à toute la famille.

vidéo. Elle dispose aussi d'une sortie TV pour regarder des films et des photos sur votre écran de télévision. Enfin, elle permet de naviguer sur Internet et peut intégrer un GPS (vendu séparément).

GAME BOY

Première console portable créée en 1989, la Game Boy a pris quelques rides. Les graphismes sont assez primaires, les jeux techniquement peu évolués et l'écran d'assez mauvaise qualité.

En revanche, elle a l'énorme avantage de s'acheter d'occasion très bon marché. Vous pourrez ainsi dénicher une Game Boy sur eBay à partir de 10 €, souvent avec de nombreux jeux. Demandez aussi autour de vous. Il est possible qu'un grand cousin en ait gardé une dans son grenier !

La Game Boy fonctionne avec des piles et a une autonomie très correcte : vous pourrez ainsi jouer 10 heures avec 4 piles sur le modèle Game Boy original et 10 heures avec 2 piles seulement sur le modèle Game Boy Pocket. Impossible cependant de la recharger dans votre voiture : prévoyez donc quelques piles de rechange.

Cette console peut servir de console d'appoint si vous possédez déjà une DS ou une PSP et souhaitez éviter les conflits de jalousie. Elle peut également être un premier pas vers une console plus moderne. Surtout, elle peut être une solution très écologique si vous optez pour des piles rechargeables. En n'investissant pas dans une console neuve, vous éviterez ainsi la pollution liée à la production et au transport de celle-ci.

Attention

Évitez les consoles Game Gear que vous trouverez également très facilement sur eBay. Cet ancien concurrent de la console Game Boy a une autonomie tout à fait insatisfaisante (4 heures de jeu pour 6 piles !).

LES TÉLÉPHONES PORTABLES

Si vous n'avez pas de console de jeu portable et que vous ne souhaitez pas en acheter une, vous pouvez toujours prêter à vos enfants votre téléphone portable. De nos jours, la plupart d'entre eux contiennent des jeux vidéo.

Les propriétaires d'iPhone, notamment, pourront télécharger et installer des jeux avant le départ, soit gratuitement, soit pour une somme modique.

N'oubliez pas de mettre votre téléphone en « mode avion » pour éviter de polluer vos enfants avec les ondes. En effet, les ondes potentiellement nocives sont d'autant plus importantes que vous êtes en mouvement.

Attention

Les téléphones portables ne sont pas des consoles de jeu et l'écran est souvent bien plus petit. Limitez donc d'autant plus le temps de jeu.

12

MUSIQUE ET JEUX AUDIO

La grande majorité des véhicules est aujourd'hui équipée d'un autoradio. Profitez-en pour écouter de la musique, des podcasts MP3 ou jouer à des jeux musicaux !
N'oubliez pas toutefois de vérifier avant de partir comment découpler le son entre les sièges arrière et les sièges avant. Cela vous sera bien utile lors de la huitième écoute du dernier disque d'Henri Dès !

CHANSONS ET COMPTINES

S'il y a bien un moment où on est heureux de constater à quel point la musique adoucit les mœurs, c'est lors d'un trajet en voiture !
Le grand avantage de la musique est qu'elle convient à tous les âges. Vous trouverez facilement des disques de musique pour bébé, des chansons et comptines pour enfants de maternelle ou d'âge scolaire, et de la musique plus actuelle pour vos préados et adolescents.
Emportez avec vous les disques préférés de vos enfants, ceux qu'ils écoutent fréquemment et qu'ils connaissent par cœur. Rien de tel pour défouler un enfant que de lui permettre de chanter à tue-tête une chanson qu'il connaît bien !
Vous pouvez également innover avec des disques de chansons calmes ou, au contraire, des comptines et chansons à gestes. C'est toujours un grand moment de fou rire que de chanter et mimer des grands classiques tels que *Alouette* ou encore *Savez-vous planter des choux* avec des petits attachés dans leur siège auto !
Attention tout de même à écouter avant d'acheter : certaines chansons pour enfants sont particulièrement agaçantes. Les chansons doivent plaire aux bambins, certes, mais elles doivent aussi plaire aux parents !
Enfin, n'oubliez pas un baladeur MP3 pour le plus grand qui n'aura pas forcément envie de chanter *Frère Jacques* en canon avec ses petites sœurs !

LE BLIND TEST

Vous pouvez concocter vous-même un blind test avec vos chansons préférées. Vous pouvez le préparer à l'avance ou tout simplement l'improviser avec les CD que vous avez sous la main.
Jouez le début de la chanson et demandez à vos enfants de vous donner le titre, l'auteur ou les deux le plus rapidement possible. Le premier à reconnaître la chanson marque un point. Pour les plus jeunes, utilisez un CD qu'ils connaissent bien ou un disque de musiques de films pour enfants. Ce jeu est accessible aux très jeunes, dès qu'ils savent prononcer le titre de la chanson ou du film ! Et vous pourrez continuer à jouer avec des plus grands en utilisant des musiques qui leur sont familières.

Vous pouvez également demander à un de vos enfants de vous concocter lui-même un blind test en utilisant un de ses CD ou en branchant son baladeur MP3 sur votre autoradio. Avec des chansons que votre préado connaît par cœur, ce jeu devient un vrai défi pour les parents !
À l'aide d'un baladeur, ce genre de jeu peut également se jouer dans un train ou un avion.

SILENCE, ON CHANTE !

Facile à mettre en place en famille, ce jeu est un excellent exercice de la mémoire et du sens du rythme !

Commencez en écoutant une chanson que votre enfant connaît bien et en chantant tous ensemble. Au bout d'une minute, baissez le volume complètement tout en continuant à chanter. Après 15 secondes environ, augmentez à nouveau le son et vérifiez que vous êtes bien dans le rythme.
Ce jeu peut être amusant même avec de très jeunes enfants, dès 2 ans, qui, même s'ils ne chantent pas forcément en rythme, riront de voir leurs parents bafouiller une fois la musique revenue !

LES JEUX AUDIO

Les jeux audio sont de bonnes alternatives aux jeux vidéo. Le support audio permet de se reposer sur une proposition de jeu déjà construite sans pour autant que chacun soit isolé dans son coin. Avec ces jeux, c'est toute la famille qui s'amuse !
Vous pouvez en télécharger sur Internet, notamment sur le site priorite-vos-enfants.fr. Ce site de la prévention routière vous propose de télécharger 3 jeux audio au format MP3 : « Reconnais les bruits », « Devine les paysages » et « Remplace les silences ».
Les éditions Michelin proposent également une série de CD d'histoires et de jeux construits autour d'une région. Vous partez de Nantes pour Paris ? Les *Roul'Malin* vous racontent des histoires sur le pays nantais, la Beauce

et l'Anjou pour faire de votre voyage une découverte géographique. En complément, le livret contient des illustrations, des photos et des jeux de questions-réponses.
Cinq itinéraires sont ainsi disponibles : Paris-Caen, Paris-Nantes, Paris-Bordeaux, Paris-Lyon et Paris-Marseille. Un jeu pour les enfants à partir de 7 ou 8 ans.

LES PODCASTS

Avec l'avènement du MP3, il est possible d'écouter ou de réécouter des émissions de radio à votre convenance. Une aubaine en voiture !
Vous pouvez notamment télécharger sur le site de France Inter l'émission *Les P'tits Bateaux* de Noëlle Bréham. Chaque semaine, des enfants posent leurs questions à l'antenne et des savants leur répondent avec des mots simples et compréhensibles. Un grand service rendu à tous les parents qui se demandent bien comment répondre aux questions simples mais pourtant si compliquées de leurs progénitures : « En quoi sont faits les yeux ? », « Pourquoi j'ai envie d'être comme les autres ? » ou encore : « Pourquoi quand on se chatouille tout seul ça ne marche pas ? »
En cherchant un peu sur Internet, vous trouverez d'autres podcasts et émissions de radio spécialement conçus pour les enfants et à télécharger (voir « Les bonnes adresses du web », p. 91).
Si votre autoradio ne lit pas naturellement le format MP3, il existe des solutions : branchements spécifiques, cassettes spéciales, etc. Renseignez-vous auprès de votre revendeur d'électronique.

13

LES FILMS

Assis dans leur siège dans le train ou la voiture, vos enfants sont dans la même position qu'au cinéma. Il ne leur manque que l'écran ! Pourquoi ne pas le leur fournir ?
La vidéo est en effet un bon moyen de les occuper lors d'un trajet plus ou moins long. Chacun sait que, lorsqu'on est pris dans l'histoire d'un film, le temps passe plus vite. C'est d'ailleurs pour cela que les compagnies aériennes ont investi dans les écrans depuis bien longtemps !

COMMENT FAIRE ?

Depuis quelques années, on voit apparaître dans certains nouveaux véhicules des petits lecteurs DVD. Ceux-ci sont généralement incrustés dans les têtières des sièges avant. Ce genre de lecteur peut également s'acheter et s'installer ensuite sur ces têtières à l'aide de petites courroies. Vous trouverez ce genre d'appareil dans le commerce à partir de 80 € pour un seul écran et à partir de 120 € pour un modèle avec un double écran.

Si vous ne souhaitez pas investir dans ce genre d'appareil, il est possible de louer des lecteurs DVD portables en passant par Internet. Le site ZiLok.fr propose notamment des locations entre particuliers.

Dans certains TGV, un service de location de lecteurs de DVD portables vous est proposé. Profitez-en !

Une dernière solution est d'utiliser votre ordinateur portable si vous en avez un. La plupart des enfants au delà de 5 ans pourront le tenir sur leurs genoux pendant la durée du film. Vous pouvez aussi le caler sur la tablette du train ou entre les deux sièges avant de votre voiture.

Équipez vos enfants de casques. Cela vous évitera de gêner vos voisins de train ou d'entendre à nouveau la bande-son d'un film que vous avez probablement vu des dizaines de fois ! Attention tout de même à bloquer le volume pour ne pas endommager leurs oreilles fragiles.

Quel que soit le modèle de lecteur que vous choisissez, n'oubliez pas de bien recharger la batterie avant de partir ! Cela évitera que votre lecteur ne vous abandonne au beau milieu d'un film !

QUEL FILM CHOISIR ?

Attention à ce que vous permettez à vos enfants de regarder. N'oubliez pas que vous ne pourrez pas regarder le film avec eux et leur en expliquer des passages si vous êtes le seul adulte dans la voiture. Une vidéo qu'ils ont déjà vu est plus adaptée. La plupart des enfants, jusqu'à l'âge de 10 ans au moins, aiment à regarder plusieurs fois le même film. Profitez-en !

De même, choisissez un film plutôt calme. Évitez ceux qui risqueraient de provoquer des frayeurs nocturnes sur votre lieu de vacances ! N'oubliez pas que vos enfants dormiront déjà dans un lieu nouveau. Pas besoin d'ajouter à ce stress des images effrayantes vues lors du trajet aller !
Il convient d'être tout particulièrement vigilant dans les avions, où les films projetés sont en général à destination des adultes.
De même, si vous avez plusieurs enfants d'âges différents, choisissez un film adapté au plus jeune. Il vous sera difficile en effet de l'empêcher de regarder le film de son grand frère assis dans le siège d'à côté !
Enfin, sachez que la vidéo, comme la télévision, n'est pas recommandée pour les très jeunes enfants et en particulier ceux de moins de 1 an. À moins de regarder un programme spécifiquement prévu pour un petit de cet âge, les images défilent bien trop rapidement pour que leur jeune cerveau puisse suivre !
Pour les enfants au-delà de 1 an, il existe cependant des DVD tout à fait adaptés, comme par exemple les DVD des Clipounets. Disponibles sur Internet, ces DVD de karaoké proposent des adaptations en images de grands classiques de chansons pour enfants, tels que *L'Araignée gypsie*, *Il était un petit navire* ou encore *Le Bon Roi Dagobert*. Les paroles défilent en bas de l'écran, ce qui permet aux plus grands de chanter en cœur s'ils ne connaissent pas encore les chansons, et les images aident les plus petits à comprendre les paroles.

Attention

La vidéo est un bon moyen d'occuper les enfants, mais il convient d'éviter de l'utiliser sur de trop longues périodes. La plupart des parents remarquent chez leurs enfants une surexcitation après de longues heures passées devant un écran. Car si leur cerveau est obnubilé par l'écran, leur corps, lui, a toujours autant besoin de bouger ! À l'arrêt de la vidéo, cela donne parfois des enfants très grognons et difficiles à occuper avec d'autres moyens.

14

LES DESSINS

L'imagination sans limites de vos enfants peut se manifester aussi sur le papier. La création d'une œuvre d'art demande un peu de matériel de base, mais surtout du temps. Un moyen parfait pour mettre à profit le temps dont vous disposez en voyage !

L'ARDOISE MAGIQUE

L'ardoise magique est l'outil de dessin le plus approprié pour vos trajets. Portable et légère, elle comporte en général une encoche où ranger le stylo, qui est de toute façon attaché avec une cordelette. Cela évite les feutres et crayons éparpillés partout !
Un autre avantage est sa rigidité : votre enfant pourra l'utiliser sur n'importe quelle surface. Un atout non négligeable si vous ne disposez pas de petites tablettes sur lesquelles vos enfants pourront s'appuyer pour dessiner.
Enfin, puisqu'on peut effacer et recommencer indéfiniment, cela vous évitera de transporter des ramettes de papier à dessin lors de vos voyages. En revanche, certains enfants sont découragés par le côté éphémère de l'ardoise magique. Garder et pouvoir offrir un dessin est aussi important pour certains que de le faire !

Vous trouverez une ardoise magique à partir de 20 € dans tous les magasins de jouets. Certains modèles sont à l'effigie des personnages de dessins animés préférés de votre enfant, ou encore disposent de tampons magnétiques amusants. Attention cependant lors du choix du modèle : certains disposent d'écrans de meilleure qualité que d'autres, qui ont tendance à marquer avec le temps.

Variante

Montrez à votre enfant comment embuer la vitre avec son souffle et dessiner avec son doigt. Les vitres de votre voiture constituent une ardoise magique gratuite et parfaite, pourvu que vous ne soyez pas trop à cheval sur leur propreté !

LE DESSIN AU CRAYON DE COULEUR

Si votre enfant préfère dessiner en couleurs, ou s'il tient tout particulièrement à pouvoir conserver ses chefs-d'œuvre, rabattez-vous sur les bonnes vieilles feuilles blanches.

Niveau matériel, préférez un bloc de feuilles que vous détacherez les unes après les autres plutôt que des feuilles volantes. Pour les dessins à conserver, ayez avec vous une pochette en carton dans laquelle vous pourrez ranger les œuvres de vos enfants, surtout s'ils sont prolifiques.

Évitez les feutres pour les plus petits, sous peine de voir l'habitacle de votre véhicule étrangement décoré. Même les feutres lavables ne sont pas recommandés : difficile en effet de retirer le revêtement des portes de votre voiture pour les laver ! Préférez-leur des crayons de couleur.

L'ŒUVRE COLLECTIVE

Vos enfants sont des artistes en herbe ? Pourquoi ne pas faire du dessin un jeu ? Sur le modèle du jeu de la phrase la plus longue (voir p. 39), vous pouvez initier vos enfants au travail en groupe et les inciter à faire une œuvre collective. Plusieurs modèles de travail collectif peuvent alors être imaginés :

- vous (ou un des plus grands) dessinez des formes que les plus petits colorient ;
- chacun prend une couleur et dessine quelques traits à son tour ;
- racontez une histoire ensemble, sous forme de vignettes ;
- l'un dessine et les autres tentent de deviner de quoi il s'agit. Le premier à deviner gagne un point.

Astuce

Si votre enfant manque d'inspiration, suggérez-lui de faire un dessin pour les personnes que vous verrez en arrivant. Un dessin d'enfant est tellement plus personnel qu'un bouquet de fleurs !

LES AUTOCOLLANTS

Dans les rayons de votre kiosque à journaux, vous trouverez de nombreux livrets avec des planches d'autocollants et des doubles pages sur lesquelles les coller. En général, ces livrets racontent une histoire très brève et sont à l'effigie d'un personnage

Variante

Demandez à votre enfant de composer une histoire à l'aide de ses autocollants, sur un petit livret que vous aurez confectionné à partir d'une ou deux feuilles A4 coupées en deux dans le sens de la largeur, pliées en deux, puis emboîtées les unes dans les autres.

de dessin animé ou d'un héros de film pour enfant.

Les planches d'autocollants seules se trouvent également dans les magasins de bricolage créatif ou sur Internet, où vous aurez un choix encore plus vaste (voir « Les bonnes adresses du web », p. 92). Avec l'essor du scrapbooking, les autocollants de toutes tailles et formes sont maintenant disponibles un peu partout à des prix variés.

Les enfants les plus patients adorent cette activité. Car, de la patience, il en faut pour décoller les autocollants de leur planche et les recoller au bon endroit ! Bien plus facile à utiliser en voiture que des ciseaux et de la colle, pour des raisons évidentes de praticité, ce genre de distraction occupera votre enfant des heures si c'est un adepte des loisirs créatifs. Les plus jeunes auront peut-être besoin d'un peu d'aide pour comprendre les instructions du livret ou décoller les autocollants de leur planche. En revanche, dès 5 ans, la plupart d'entre eux seront autonomes.

LES COLORIAGES

Certains enfants préfèrent largement colorier un dessin existant que de dessiner les formes eux-mêmes. Parfois c'est par manque de confiance en leurs talents de dessinateur, et parfois c'est tout simplement par amour pour la précision dans le coloriage. Ne pas dépasser les lignes est en effet un très bon exercice de concentration. En train ou en voiture, les secousses rendront cet exercice un peu plus difficile, ce qui peut plaire à votre enfant s'il aime les challenges !

Dans tous les cas, voilà une activité que vous pouvez organiser à l'avance et qui pourra occuper votre amoureux du coloriage pendant de longues minutes.

Tous les kiosques à journaux et magasins de jouets vendent des magazines à colorier, parfois très épais. L'avantage est qu'ils sont tout prêts et déjà reliés, ce qui peut être un plus pour éviter trop de feuilles volantes.

Mais le plus simple et le plus économique, c'est encore de les imprimer à partir d'Internet. Il existe de nombreux sites proposant des dessins à colorier que vous pouvez imprimer, de préférence recto verso pour économiser du papier, puis agrafer ensemble (voir « Les bonnes adresses du web », p. 91).
Si vous n'avez pas eu le temps de prévoir vos dessins à colorier à l'avance, vous pouvez en improviser en dessinant des formes au crayon sur une feuille blanche. Souvent, c'est le genre d'activité qu'aiment les grands frères et sœurs, qui se sentent ainsi valorisés dans leurs talents de dessinateurs. Alors n'hésitez pas à déléguer !
Comme pour les dessins, évitez les feutres, même lavables, et préférez-leur des crayons de couleur.

15

LES JEUX CALMES

Au cours d'un voyage, il y a inévitablement des moments où l'on aimerait un peu de calme ! C'est le moment de ruser et de proposer des jeux silencieux à votre progéniture. Vous pouvez ainsi gagner quelques minutes de tranquillité précieuse !

ÉCOUTER LES BRUITS DE LA VOITURE

La voiture, le train et l'avion sont une mine de bruits étranges qui sont si habituels qu'on n'y prête plus forcément attention avec nos oreilles d'adultes. Certains enfants sont spontanément à l'écoute. Si vous l'incitez à le faire, en ouvrant ses oreilles, votre enfant peut certainement en déceler une demi-douzaine.

Si vous vous y connaissez en mécanique, pourquoi ne pas proposer à votre enfant des explications sur le bruit qu'il a remarqué. Dans le cas contraire, demandez-lui d'imaginer ce qui peut bien être à l'origine de ce bruit. Ce jeu d'attention se transforme alors en jeu d'imagination où vos enfants vont vous étonner !

En écoutant bien, vous pourrez entendre par exemple :

- le couinement des freins ;
- la montée en régime du moteur lors de l'accélération avec les coupures produites par les changements de vitesse ;
- les frottements et sifflements de l'air sur la carrosserie, notamment à grande vitesse ;
- le petit sifflement du turbo sur les moteurs qui en sont pourvus ;
- la ventilation et/ou la climatisation ;
- les bruits de conversation ou même de ronflement des autres passagers ;
- le bruit de la pluie sur la carrosserie.

Vous pouvez également élargir ce jeu aux bruits extérieurs, si votre voiture circule en ville les fenêtres ouvertes ou est carrément à l'arrêt. Cela devient alors un jeu passionnant pour attendre sagement le retour d'un des passagers de la voiture qui serait sorti faire une course.

Vous pourrez ainsi entendre des oiseaux, des bruits de chantier, des gens qui parlent, d'autres voitures qui passent ou qui klaxonnent, un haut-parleur de rue, un chien qui aboie, un avion qui passe, etc.

LE JEU DU SILENCE

En fonction de la façon dont vous le présentez, ce jeu peut fonctionner avec des enfants très jeunes comme il peut amuser des enfants plus âgés.

Les plus petits seront séduits par la simple compétition : combien de temps peut-on rester sans parler ? Lorsqu'un des enfants oublie et dit quelque chose, félicitez-le d'avoir tenu aussi longtemps : « Wow ! On a tenu le silence pendant 2 minutes ! Bravo ! » Vous pourrez ainsi l'inciter à essayer de faire mieux la fois suivante.

Pour des enfants plus grands, présentez-le comme une variante de « je te tiens, tu me tiens, par la barbichette ». L'objectif est de rester totalement impassible le plus longtemps possible. Il s'agit donc de ne pas parler, mais aussi de ne pas sourire ni rire. Chacun peut faire autant de grimaces qu'il souhaite pour tenter de déstabiliser l'autre. Poser les règles au départ : interdiction de toucher les autres joueurs, et encore plus le conducteur si vous êtes en voiture.

Si vous êtes nombreux dans la voiture, désignez un arbitre, qui sera remplacé par le perdant lors de la manche suivante.

16

LES JEUX POUR SE DÉFOULER

En voiture, arrêtez-vous au moins toutes les deux heures pour vous détendre et permettre à toute la famille de se défouler.
Ces moments d'arrêt sont importants pour tous vous ressourcer. Bien sûr, il y a les aspects pratiques : pause café, pause pipi, changer la couche du petit dernier. Mais pourquoi ne pas prolonger ces pauses de quelques minutes pour vous permettre à tous de véritablement vous détendre ?
Profitez des moments d'arrêt pour leur proposer des jeux qui défoulent. Certaines aires disposent même d'espaces de jeux que vos enfants pourront utiliser pendant que vous sirotez votre café. Dans le cas contraire, balisez un espace un peu isolé pour y jouer avec eux.
N'oubliez pas que certains enfants ont besoin de beaucoup de contact physique. Harnachés dans leur siège auto, ils n'ont pas leur dose de tendresse. Profitez de la pause pour leur faire de gros câlins et n'hésitez pas à sortir votre porte-bébé si votre bambin est encore petit. Vos enfants seront plus détendus pour poursuivre le voyage.
En train ou en avion, les possibilités de défouler vos enfants sont réduites, mais plus fréquentes.

LA COURSE À PIED

Les enfants sont assez naturellement dans la compétition. Que ce soit avec leur frère, leur sœur ou leurs parents, la motivation de courir le plus vite est très forte ! Servez-vous-en pour les défouler ! Vous verrez, la compétition gagne aussi les adultes et vous retournerez plus frais à votre conduite après vous être bien oxygéné !

Délimitez clairement un espace sécurisé sur l'aire d'autoroute et mettez-vous d'accord ensemble sur un parcours. Si vos enfants font la course entre eux, donnez vous-même le top du départ. Si vous participez à la course, laissez votre enfant donner le signal du départ.

Entre deux enfants de tailles vraiment différentes, vous pouvez proposer des solutions pour équilibrer un peu la course. Le plus grand pourra ainsi faire deux tours au lieu d'un, ou partir avec quelques secondes de handicap.

LA BALADE

Profitez de la longueur du train pour emmener vos enfants en balade, surtout les petits. En faisant des allers-retours dans le train, vous pouvez parcourir jusqu'à plusieurs kilomètres !

Faites un jeu du mouvement de balancier du train : l'objectif est alors de parvenir à marcher sans l'aide de papa ou maman.

En avion, la place est encore réduite, mais vous pouvez tout de même proposer à votre enfant de faire des allers-retours dans l'allée, si cela ne gêne pas les autres passagers.

JOUER À CHAT

Le jeu du chat et de la souris est un bon vieux classique qui vous sera bien utile pour faire bouger vos enfants « sur commande ». En effet, vous disposez de peu de temps pour leur permettre de se défouler.

Délimitez un espace sécurisé sur l'aire d'autoroute, puis expliquez brièvement les règles. Désignez un « chat », les autres joueurs étant les « souris » que le chat doit attraper. Lorsque le chat a attrapé une souris, celle-ci se transforme en chat, tous les autres joueurs étant des souris.

Il est évidemment interdit d'attraper la personne qui vient de vous faire chat car celle-ci est protégée. Cette règle est à adapter si vous ne jouez qu'à deux, bien sûr !

Astuce

Vous pouvez adapter le jeu en le renommant le jeu du loup, du puma, ou en désignant le « chat » avec un personnage de dessin animé ou de livre que votre enfant connaît bien. C'est ainsi qu'il pourra se transformer quelques instants en Chipeur qui pourra venir vous chiper ou en tigre Shere Khan au milieu des frères de Mowgli !

TAPER DES PIEDS EN CRIANT

L'objectif du jeu est de crier le plus fort et le plus longtemps possible ! Participez, vous aussi : chacun sait que la conduite a tendance à induire des tensions chez le conducteur. Ce jeu permet de dénouer toutes ces tensions en un clin d'œil !

Trouvez un endroit un peu isolé et faites un cercle tous ensemble, en vous tenant assez espacés les uns des autres de façon à ce que personne ne se blesse. Expliquez à vos enfants qu'ils peuvent utiliser leur voix et leurs pieds pour faire le plus de ramdam possible. Taper des pieds libère une incroyable énergie ! Donnez le top départ et défoulez-vous !

Astuce

Si les regards des autres adultes vous mettent dans l'embarras, arrêtez-vous plutôt sur une aire moins fréquentée, comme celles qui ne comportent pas de station-service, et éloignez-vous un peu du parking pour vous cacher.

17

SPÉCIAL BÉBÉ

Voyager avec un bébé n'est pas toujours simple. Certains ne supportent pas la voiture, par exemple, et hurlent dès qu'on les place dans leur siège auto. D'autres vous facilitent la tâche en dormant beaucoup, bercés par la voiture, mais éventuellement, ils finissent aussi par se réveiller. À ce moment-là, autant être bien préparé !

Dans tous les cas, tentez d'éviter de stresser car c'est communicatif. Évidemment, cela est toujours bien plus facile à dire qu'à faire ! Tâchez tout de même de vous convaincre qu'il n'y a pas de raison que le trajet se passe mal. Votre enfant et vous-même êtes pleins de ressources !

PARTIR AU BON MOMENT

Si vous partez en voiture, prévoyez si possible de partir à un moment où il est prévu que votre bébé dorme. Si vous trouvez trop fatigant de conduire de nuit, ou si votre heure d'arrivée vous impose de partir la journée, essayez de partir à l'heure habituelle de sa sieste. Cela vous permettra d'avoir quelques minutes ou quelques heures de tranquillité.
Dans tous les cas, prévoyez davantage de temps de trajet lorsque vous voyagez avec votre bambin. Il vous faudra vous arrêtez plus fréquemment pour le changer, lui donner à manger ou tout simplement le consoler. Mieux vaut prévoir une ou deux heures de plus et voyager en toute sérénité !
Essayez d'anticiper les moments où vous aurez besoin de vous arrêter. Que ce soit pour l'enfant ou pour vous, ce n'est jamais agréable de devoir attendre 10 minutes avant la prochaine station-service avec un bébé qui hurle à l'arrière de la voiture ! Il vaut mieux arriver quelques minutes en avance sur l'aire d'autoroute, quitte à en profiter pour vous relaxer s'il dort encore ou pour le câliner quelques minutes le temps qu'il ait faim.

NI TROP FROID NI TROP CHAUD !

Si vous voyagez de jour pendant les chaudes journées estivales et que vous avez la climatisation dans votre voiture, c'est le moment idéal pour vous en servir. Dans le cas contraire, envisagez de faire installer des films de protection solaire sur les fenêtres et le pare-brise arrière afin de limiter les effets du soleil. Vous pouvez également poser des pare-soleil. Cela protégera votre enfant à la fois des coups de soleil et de la chaleur. Pensez également à l'habiller très légèrement.
En hiver, habillez-le de la même façon que vous le feriez chez vous. En attendant que l'habitacle de votre véhicule se réchauffe, posez une petite couverture sur lui, que vous pourrez retirer par la suite. N'oubliez pas que votre enfant, blotti au fond d'un siège auto fabriqué avec des matières synthétiques,

aura tendance à transpirer et à avoir davantage chaud que vous sur les sièges avant de la voiture.
En train, anticipez la climatisation parfois capricieuse des wagons. Prévoyez une tenue légère, surtout l'été, mais n'oubliez pas de quoi bien couvrir votre bébé si la température est trop fraîche.

CONSERVER SES REPÈRES

Pour votre enfant, le fait de conserver des repères familiers sera très sécurisant dans ce nouvel environnement. N'hésitez pas à accrocher à son siège un éventuel doudou et sa tétine s'il en a une. Pourquoi ne pas aussi lui donner un vêtement ou un foulard avec lequel vous aurez dormi une ou deux nuits ? Un bébé est souvent plus serein lorsqu'il est rassuré par l'odeur de ses parents.
Si vous êtes plusieurs adultes dans la voiture, l'un d'entre vous peut aller s'asseoir à côté du petit pour jouer avec lui ou tout simplement lui parler. Les grands frères et grandes sœurs peuvent également endosser ce rôle quelques minutes ici et là.
Si vous voyagez seul avec votre bébé, gardez au moins le contact visuel avec lui. Vous pouvez par exemple placer son siège sur le fauteuil passager. Les très jeunes bébés ont un champ de vision réduit et vous verront mieux ainsi. N'oubliez pas cependant de désactiver l'airbag passager !
Une autre solution est de mettre le siège de l'enfant sur la banquette arrière, en diagonale par rapport au siège conducteur. L'enfant pourra ainsi vous voir de profil. Si vous faites seul des trajets réguliers, investissez dans un mini-rétroviseur à adapter sur votre rétroviseur existant. Cela vous permettra de surveiller votre enfant et de garder un œil sur lui sans compromettre votre sécurité.
En train ou en avion, investissez si possible dans un siège dédié au bébé. Vous aurez ainsi davantage de place pour l'installer confortablement.
Dans tous les cas, efforcez-vous de prendre une voix calme et posée lorsque vous parlez à votre bébé. Cela vous rassurera autant que lui !
Enfin, prévoyez un porte-bébé ou une écharpe de portage. Lors des arrêts de la voiture, cela vous permettra d'avoir les mains libres pour préparer son repas et pour vous occuper efficacement des plus grands si besoin. Surtout,

cela permettra à votre bambin de faire le plein de contact physique avec vous pour qu'il soit plus calme lors du reste du trajet.
En train ou en avion, ce sera une aide précieuse pour endormir votre enfant. Un porte-bébé sera également bien pratique pour passer la douane ou pour changer de train si besoin.

PRÉVOIR DE QUOI L'OCCUPER

Les jeux pour bébés à emmener en voyage sont les mêmes que ceux que vous avez à la maison ! Les hochets en tout genre feront tout à fait l'affaire. Un trousseau de clés tout simple ou un téléphone portable un peu solide fonctionnent très bien également. Proscrivez toutefois les objets qu'il pourrait avaler (pièces de monnaie, billes, etc.) ou ceux avec lesquels il pourrait se blesser en cas de choc (stylos, etc.).
Il existe également des jouets spécifiquement prévus pour les bébés en voiture, que ce soit des serpentins à accrocher au siège auto ou des mobiles à fixer sur la fenêtre à l'aide de ventouses.
Les bébés aiment la nouveauté. Prévoyez un sac de jouets à portée de main afin de pouvoir lui en donner un nouveau s'il perd le sien ou s'il s'en lasse.
En voiture, comme pour les plus grands, la musique est une très bonne manière de calmer et d'occuper un bébé. Il existe des disques qui leur sont spécifiquement destinés, mais bien souvent, votre musique préférée conviendra tout à fait. Choisissez un disque qui a pour effet de calmer votre bébé d'habitude.
Enfin, si votre petit est assez âgé pour en manger, ne sous-estimez pas le pouvoir apaisant du petit gâteau ! Certes, il est possible qu'il s'en barbouille un peu partout, mais cela aura eu le mérite de l'occuper quelques minutes !

EMMENER LE NÉCESSAIRE

Pour votre voyage, prévoyez évidemment de quoi nourrir votre bébé et de quoi lui donner à boire si vous n'allaitez pas. Anticipez embouteillages, pannes ou intempéries qui pourraient retarder votre temps de trajet et prévoyez quelques repas supplémentaires. Être préparé pour d'éventuels problèmes permet d'être bien plus serein lorsqu'ils surviennent.

Dans le même esprit, prévoyez davantage de couches que ce que vous pensez nécessaire et emmenez avec vous un médicament pour faire baisser la fièvre et un gel pour calmer les douleurs dentaires.

Pensez à prendre un accroche-tétine si votre enfant en a une et à emmener une ou deux tétines de rechange. En avion, une tétine ou un biberon seront indispensables pour lui éviter des douleurs aux oreilles lors du décollage et de l'atterrissage.

Si vous n'allaitez pas, un petit stock de biberons que vous aurez déjà remplis d'eau sera bien pratique : il ne vous restera qu'à y mettre la poudre de lait. La plupart des stations-service d'autoroute disposent de nurseries complètes avec chauffe-biberons et micro-ondes, mais si votre trajet risque de vous emmener loin des autoroutes, un chauffe-biberon de voiture à brancher sur l'allume-cigare peut vous dépanner. En avion et dans certains trains, vous pourrez demander au personnel de bord de chauffer votre biberon. Si vous prenez un train sans wagon-restaurant, faites chauffer l'eau des biberons avant de partir et conservez-la au chaud dans une petite Thermos.

Enfin, et surtout si vous voyagez seul avec votre bébé, n'oubliez pas de prendre votre téléphone portable bien chargé !

Annexe 1

POUR NE RIEN OUBLIER

Avant de partir, vérifiez à l'aide de cette liste que vous emmenez bien avec vous tout ce dont vous pourriez avoir besoin lors de votre voyage.

POUR ÊTRE BIEN INSTALLÉ

- Doudous et tétines.
- Médicaments ou bracelets contre le mal des transports.

En voiture, vous aurez plus de place :
- oreillers et couvertures ;
- « station de jeux » (voir « Aménager sa voiture », p. 9),
- filet à provisions à suspendre pour ranger les jouets ;
- pare-soleil ;
- minirétroviseur pour voir vos enfants sans vous retourner.

POUR CALMER LES ESTOMACS

- Bouteille d'eau.
- Biscuits et gâteaux.
- Pique-nique.
- Un peu de monnaie pour nourrir les machines à café des stations-service et les distributeurs des aéroports et des gares.

POUR S'OCCUPER

- Jouets et jeux divers (petits personnages, Trivial Pursuit, Solitaire, etc.).
- Livres.
- CD, DVD et MP3 (ainsi que les lecteurs appropriés).
- Consoles et jeux vidéo.
- Bloc de feuilles de papier.
- Crayons à papier (au moins un par occupant de la voiture) et crayons de couleur.
- Cahiers d'activités, grilles de sudoku ou de mots fléchés, coloriages, autocollants, etc.
- Minuteur de cuisine.
- Piles de rechange pour les jeux tels que le Simon, le LeapPad ou la Game Boy.
- Chargeurs de voiture à brancher sur l'allume-cigare (téléphone portable, consoles de jeux vidéo, lecteurs DVD, etc.).

POUR LA PROPRETÉ

- Sacs poubelles.
- Lingettes, mouchoirs et/ou chiffons.

POUR VOTRE BÉBÉ

- Couches de rechange.
- Biberons remplis d'eau et tétines.
- Poudre de lait.
- Médicament pour faire baisser la fièvre.
- Gel contre les douleurs dentaires.

2

LUS LUS LUS LUS LUS

Annexe

VOYAGER SEUL AVEC ENFANT(S)

Certains jeux seront plus faciles à jouer lorsque vous voyagez seul avec un ou plusieurs enfants de moins de 5 ans. Dans ce cas précis, désigner un meneur de jeu adulte est exclu. Les jeux suivants, en revanche, seront plus adaptés. N'oubliez pas de vous ménager dans ces conditions et, notamment, de vous arrêter fréquemment pour vous reposer.

- Le Simon, p. 17.
- Devine à quoi je pense, p. 23.
- Énigmes et devinettes, p. 24.
- Devine où on va, p. 26.
- Les voitures, p. 28.
- Le temps, p. 28.
- Panneaux et radars, p. 29.
- Jeux de comptage, p. 30.
- Ni oui ni non, p. 32.
- Familles de mots, p. 34.
- Raconter une histoire à plusieurs, p. 40.
- L'histoire des occupants de la voiture d'à côté, p. 40.
- Écouter des histoires, p. 43.
- Chansons et comptines, p. 57.
- Silence, on chante, p. 58.
- Les films, p. 61.
- Les dessins, p. 63.
- Le jeu du silence, p. 70.

3

Annexe

AVEC DES ENFANTS D'ÂGES TRÈS DIFFÉRENTS

Les jeux suivants seront bien adaptés si vous voyagez avec des enfants d'âges très hétérogènes.

POUR JOUER CHACUN DE SON CÔTÉ

- Le Solitaire, p. 16.
- Le Simon, p. 17.
- Le Rubik's Cube, p. 17.
- Sudoku et mots fléchés, p. 25.
- Écouter des histoires, p. 43.
- Les jeux vidéo, p. 52.
- Chansons et comptines, p. 57.
- Podcasts, p. 59.
- Les films, p. 61.
- Ardoise magique, p. 64.
- Dessin au crayon de couleur, p. 64.
- Autocollants, p. 65.
- Coloriages, p. 66.

POUR QU'ILS JOUENT TOUS ENSEMBLE

- Les Incollables, p. 21.
- Les voitures, p. 28.
- Le temps, p. 28.
- Panneaux et radars, p. 29.
- Latuvu, p. 29.
- Jeux de comptage, p. 30.
- Ni oui ni non, p. 32.
- Les mots interdits, p. 33.
- La phrase la plus longue, p. 39.
- Raconter une histoire à plusieurs, p. 40.

- L’histoire des occupants de la voiture d’à côté, p. 40.
- La géographie locale, p. 48.
- Blind test, p. 57.
- Silence, on chante, p. 58.
- L’œuvre collective, p. 65.
- Le jeu du silence, p. 70.

Annexe 4

AVEC DES ENFANTS SUJETS AU MAL DES TRANSPORTS

Les jeux suivants conviendront mieux à des enfants qui ont facilement mal au cœur car ils n'impliquent pas de lire ou regarder un écran.

Annexe

5

LES BONNES ADRESSES DU WEB

LES BLAGUES, DEVINETTES ET ÉNIGMES

- **http://www.pedagonet.com/other/enigme.html**
  De nombreuses énigmes et problèmes pour des enfants de tous âges sur un site simple et aéré.
- **http://svincent.free.fr/KassTete.htm**
  Énigmes à calculer, devinettes et questions de logique abondent sur ce site à navigation facile.
- **http://pagesperso-orange.fr/gilles.costantini/enigmes.htm**
  De nombreuses énigmes adaptées à tous les âges dans un format simple et clair.
- **http://www.devinettes.pour-enfants.fr**
  Vous trouverez sur ce site des devinettes « Quel est le comble de… ? », des blagues carambars, etc. Une mine de devinettes drôles pour les petits enfants !

LES GRILLES DE SUDOKU ET DE MOTS FLÉCHÉS À IMPRIMER

- **http://www.e-sudoku.fr/imprimer-grille-sudoku.php**
  Un générateur automatique de grilles de sudoku à imprimer avec ou sans les solutions. Des grilles 4 x 4 pour les petits mais aussi des grilles 6 x 6 et 9 x 9 pour les adeptes de ce jeu !
- **http://www.grilles-sudoku.net**
  Plus de 5 000 grilles de sudoku à imprimer, du niveau 1 au niveau 5 ainsi que des grilles de super-sudoku géant (16 x 16).

- **http://www.pour-enfants.fr/jeux-a-imprimer/mots/croises.htm**
  Quelques pages de mots croisés et de mots en escalier à imprimer pour les enfants. Solutions incluses.
- **http://www.recrekids.com/mots-fleches/index01.php**
  Des mots fléchés pour enfants, à imprimer. Vous pourrez également éditer les solutions à part.

LES COLORIAGES À IMPRIMER

- **http://www.coloriez.com/images/coloriages**
  À partir de ce site, vous pourrez facilement imprimer de nombreux coloriages à l'effigie de personnages tels qu'Action Man, Charlotte aux Fraises, Kirikou ou encore Polly Pocket.
- **http://www.jedessine.com**
  De nombreux coloriages à imprimer mais aussi beaucoup de publicité et parfois quelques difficultés de navigation.

LES PODCASTS

- **http://www.radiofrance.fr/franceinter/em/ptitsbateaux**
  L'émission *Les P'tits Bateaux* sur France Inter où vous pourrez vous abonner et télécharger les podcasts.

Vous trouverez également une variété incroyable de podcasts sur ces annuaires, tant au niveau du contenu que de la qualité du contenu :

- **http://www.podflux.net**
- **http://www.touslespodcasts.com**
- **http://www.dkpod.com**
- **http://www.rss-one.com**

LES MAGASINS DE BRICOLAGE CRÉATIF (POUR LES AUTOCOLLANTS)

Avec l'essor du scrapbooking, on trouve en ligne des autocollants de formes et de tailles très diverses, parfaits pour vos passionnés de stickers !

- **http://www.scrapinette.com/boutique-scrapbooking/21-Par-Fournitures/50-Embellissements/114-Autocollants**
- **http://www.scrap-discount.com/stickers-c-65.html**
- **http://www.lafourmicreative.fr/scrapbooking/autocollants-c130_27.html**

ACHETER OU LOUER DES OBJETS D'OCCASION

- **http://www.ebay.fr**
  Le fameux site d'enchères où l'on trouve de tout, à tous les prix, pourvu qu'on ait un peu de temps devant soi pour dénicher la perle rare.
- **http://www.priceminister.com**
  Un site de vente et d'achat d'objets d'occasion, à prix fixes.
- **http://fr.zilok.com**
  Pour louer entre particuliers des objets aussi variés que des lecteurs DVD, des instruments de musique, des tableaux ou encore des véhicules utilitaires.

TÉLÉCHARGER DES LIVRES AUDIO

- **http://www.litteratureaudio.com**
  De grands classiques de la littérature lus par des bénévoles, à télécharger au format MP3.
- **http://www.audiocite.net**
  Un catalogue de livres audio francophones, à télécharger gratuitement et légalement.

Conception maquette : Dazibao
Mise en page : Fa Compo

Achevé d'imprimer : EMD S.A.S.
N° d'éditeur : 3882
N° d'imprimeur : 21639
Dépôt légal : juin 2009
Imprimé en France

Cet ouvrage est imprimé - pour l'intérieur - sur papier Lys Galilée 120 g des papeteries M.REAL, dont les usines ont obtenu la certification environnementale ISO 14001 et opèrent conformément aux normes ECF et EMAS